中学までに
必要な言葉力が
身につく！

小学生の語彙力《ごいりょく》アップ

実践練習ドリル1100

新装版

学習国語研究会 著

保護者《ほごしゃ》の皆様《みなさま》へ

本書《ほんしょ》は、普段《ふだん》の暮《く》らしの中《なか》でよく耳《みみ》にする言葉《ことば》、本《ほん》や新聞《しんぶん》などでよく目《め》にする言葉《ことば》、そして中学受験《ちゅうがくじゅけん》に出題《しゅつだい》される傾向《けいこう》の強《つよ》い言葉《ことば》などを集《あつ》めた学習《がくしゅう》ドリルです。収《おさ》められた言葉《ことば》の数《かず》は、なんと１１００。どの言葉《ことば》も、中学《ちゅうがく》に上《あ》がる前《まえ》にぜひ身《み》につけておきたいものばかりです。

本書《ほんしょ》の特徴《とくちょう》は、言葉《ことば》を例文《れいぶん》に当《あ》てはめる形式《けいしき》で問題《もんだい》を作成《さくせい》している点《てん》にあります。それによって、「言葉《ことば》＋意味《いみ》＋使《つか》い方《かた》」のセットでしっかりと学習《がくしゅう》できるようになっています。言葉《ことば》というものは、単《たん》にその意味《いみ》を暗記《あんき》するだけでは身《み》につきません。その適切《てきせつ》な使用例《しようれい》を身《み》につけることによって、自分《じぶん》のものにすることができるのです。

本書《ほんしょ》は以下《いか》の３つの章《しょう》で成《な》り立《た》っています。また各章《かくしょう》の最後《さいご》には、復習《ふくしゅう》テストのページを設《もう》けています。

１章《しょう》　よく使《つか》われる言葉《ことば》
２章《しょう》　動《うご》き・ようすをあらわす言葉《ことば》
３章《しょう》　おぼえておきたい言《い》い回《まわ》し

１章《しょう》は、「価値観《かちかん》」「効率《こうりつ》」「義務《ぎむ》」「需要《じゅよう》」「テクノロジー」など、日常《にちじょう》でとくに耳《みみ》にする機会《きかい》の多《おお》い言葉《ことば》を中心《ちゅうしん》に構成《こうせい》しています。２章《しょう》の言葉《ことば》もよく使《つか》われる言葉《ことば》ばかりですが、この章《しょう》は、「備《そな》える」「ためらう」「つつましい」「つぶさに」など、動《うご》きをあらわす動詞《どうし》や、ようすや性質《せいしつ》をあらわす形容詞《けいようし》・副詞《ふくし》が中心《ちゅうしん》となっています。そして3章《しょう》は、「一目置《いちもくお》く」「転《ころ》ばぬ先《さき》の杖《つえ》」「以心伝心《いしんでんしん》」など、慣用句《かんようく》・ことわざ・四字熟語《よじじゅくご》が中心《ちゅうしん》の章《しょう》となっています。

本書《ほんしょ》が子《こ》どもたちの語彙力《ごいりょく》を伸《の》ばすのはもちろんのこと、国語《こくご》への興味《きょうみ》を増《ま》すきっかけとなれば幸《さいわ》いです。

学習国語研究会《がくしゅうこくごけんきゅうかい》　石田吉雄《いしだよしお》

※本書は2014年発行の『中学までに必要な言葉力が身につく！小学生の語彙力アップ　実践練習ドリル1100』の書名・装丁を変更し、新たに発行したものです。

この本《ほん》の使《つか》い方《かた》

ステップ１

意味《いみ》のわかる言葉《ことば》にはチェックを入《い》れよう。意味《いみ》のわからない言葉《ことば》があれば、ステップ３でその意味《いみ》を確《たし》かめてから、チェックを入《い》れよう。

学《まな》んだ語彙数《ごいすう》をここで確認《かくにん》できます。

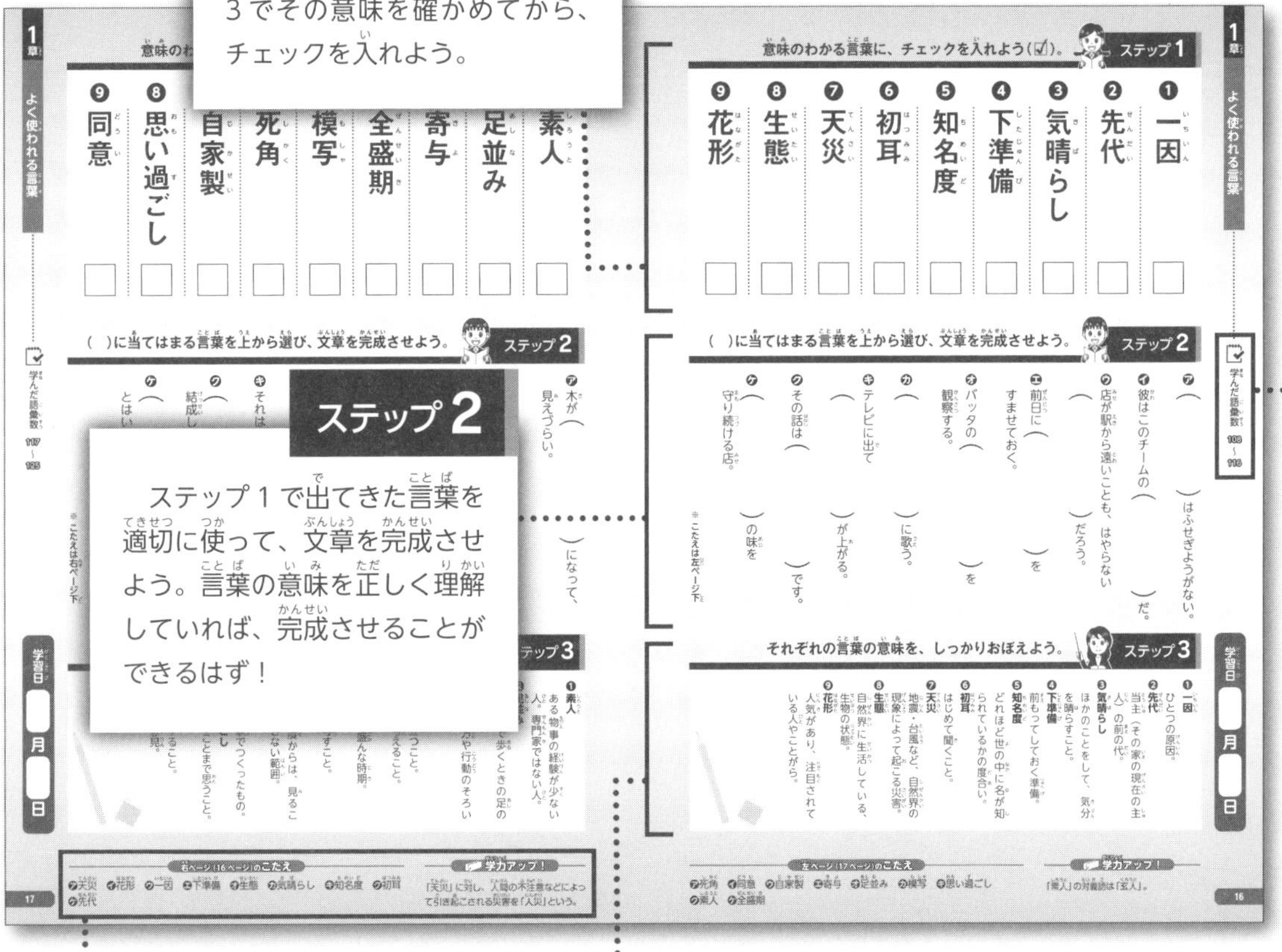

1章 よく使われる言葉
意味のわかる言葉に、チェックを入れよう（☑）。 ステップ1
❶一因 ❷先代 ❸気晴らし ❹下準備 ❺知名度 ❻初耳 ❼天災 ❽生態 ❾花形
（　）に当てはまる言葉を上から選び、文章を完成させよう。 ステップ2
ア（　）はふせぎようがない。
イ 彼はこのチームの（　）だ。
ウ 店が駅から遠いことも、はやらない（　）だろう。
エ 前日に（　）をすませておく。
オ バッタの（　）を観察する。
カ（　）に歌う。
キ テレビに出て（　）が上がる。
ク その話は（　）です。
ケ（　）の味を守り続ける店。
それぞれの言葉の意味を、しっかりおぼえよう。 ステップ3
❶一因 ひとつの原因。
❷先代 当主（その家の現在の主人）の前の代。
❸気晴らし ほかのことをして、気分を晴らすこと。
❹下準備 前もってしておく準備。
❺知名度 どれほど世の中に名が知られているかの度合い。
❻初耳 はじめて聞くこと。
❼天災 地震・台風など、自然界の現象によって起こる災害。
❽生態 自然界に生活している、生物の状態。
❾花形 人気があり、注目されている人やことがら。
学習日 月 日
学んだ語彙数 108〜116
左ページ（17ページ）のこたえ ア死角 イ同意 ウ自家製 エ寄与 オ足並み カ模写 キ思い過ごし ク素人 ケ全盛期
学力アップ！ 「素人」の対義語は「玄人」。
16
❾同意 ❽思い過ごし 自家製 死角 模写 全盛期 寄与 足並み 素人
ア 木が（　）見えづらい。
❶素人 ある物事の経験が少ない人。専門家ではない人。
学んだ語彙数 117〜125
※こたえは右ページ下
右ページ（16ページ）のこたえ ア天災 イ花形 ウ一因 エ下準備 オ生態 カ気晴らし キ知名度 ク初耳 ケ先代
学力アップ！ 「天災」に対し、人間の不注意などによって引き起こされる災害を「人災」という。
17

ステップ２

ステップ１で出《で》てきた言葉《ことば》を適切《てきせつ》に使《つか》って、文章《ぶんしょう》を完成《かんせい》させよう。言葉《ことば》の意味《いみ》を正《ただ》しく理解《りかい》していれば、完成《かんせい》させることができるはず！

ステップ２のこたえ

左《ひだり》ページ下《した》には、右《みぎ》ページにあるステップ２のこたえが、右《みぎ》ページ下《した》には、左《ひだり》ページにあるステップ２のこたえが入《はい》っています。

また、学力《がくりょく》アップ！も読《よ》んで、ワンランク上《うえ》の学力《がくりょく》を身《み》につけよう。

※各章《かくしょう》の最後《さいご》のページのみ、同《おな》じページにこたえが入《はい》っています。

ステップ３

ステップ１で出《で》てきた言葉《ことば》の意味《いみ》を、もう一《いち》度《ど》確認《かくにん》しよう。言葉《ことば》によっては、複数《ふくすう》の意味《いみ》をもつものもあるので、まとめておぼえてしまおう。

この本《ほん》に出《で》てくる漢字《かんじ》にはすべて、読《よ》みがながついています。

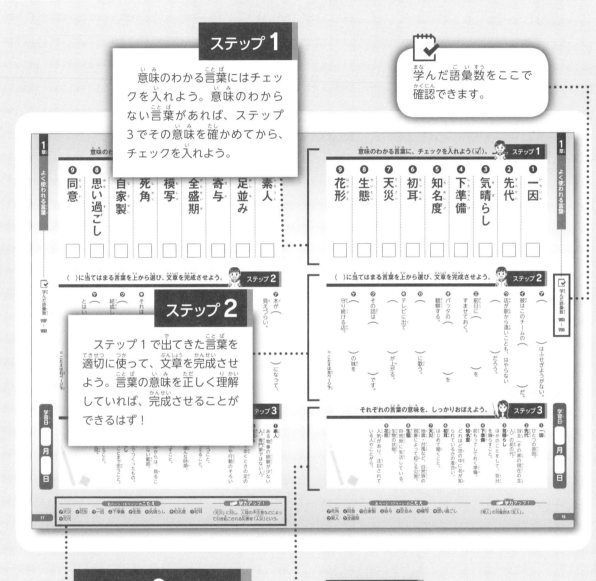

学《まな》んだ語彙数《ごいすう》 1～8

学習日《がくしゅうび》　月　日

ステップ1

意味《いみ》のわかる言葉《ことば》に、チェックを入《い》れよう(☑)。

1 外見《がいけん》 □
2 開票《かいひょう》 □
3 実情《じつじょう》 □
4 難色《なんしょく》 □
5 優先《ゆうせん》 □
6 達筆《たっぴつ》 □
7 権限《けんげん》 □
8 予期《よき》 □

ステップ2

(　)に当《あ》てはまる言葉《ことば》を上《うえ》から選《えら》び、文章《ぶんしょう》を完成《かんせい》させよう。

ア この席《せき》は、お年寄《としよ》りや体《からだ》が不自由《ふじゆう》な人《ひと》のための(　　)席《せき》だ。
イ こんなに人《ひと》が集《あつ》まるとは(　　)していなかった。
ウ それを決《き》める(　　)はない。
エ モデルのような(　　)。
オ (　　)を正直《しょうじき》に話《はな》す。
カ 習字《しゅうじ》の先生《せんせい》だった祖父《そふ》はたいへんな(　　)だ。
キ 選挙《せんきょ》の(　　)がはじまる。
ク 父《ちち》の提案《ていあん》に母《はは》は(　　)を示《しめ》した。

※こたえは左《ひだり》ページ下《した》

ステップ3

それぞれの言葉《ことば》の意味《いみ》を、しっかりおぼえよう。

1 **外見《がいけん》** 外側《そとがわ》からみたようす。
2 **開票《かいひょう》** 投票箱《とうひょうばこ》を開《ひら》き、投票結果《とうひょうけっか》を調《しら》べること。
3 **実情《じつじょう》** 実際《じっさい》の事情《じじょう》。
4 **難色《なんしょく》** むずかしい、反対《はんたい》だ、などというような顔《かお》つき。
5 **優先《ゆうせん》** ほかよりも、先《さき》にあつかうこと。ほかをあとまわしにして、先《さき》にすること。
6 **達筆《たっぴつ》** 上手《じょうず》に字《じ》を書《か》くこと。また、その書《か》いたもの。
7 **権限《けんげん》** その個人《こじん》や団体《だんたい》などがもっている権利《けんり》の範囲《はんい》。
8 **予期《よき》** 前《まえ》もって、その結果《けっか》を期《き》待《たい》したり想像《そうぞう》したりすること。

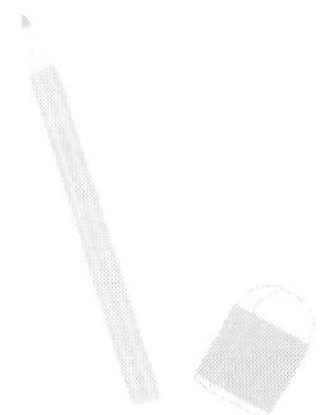

左《ひだり》ページ(5ページ)のこたえ

ア犯罪《はんざい》 イ収拾《しゅうしゅう》 ウ樹立《じゅりつ》 エ収集《しゅうしゅう》 オ口実《こうじつ》 カ年号《ねんごう》 キ打開《だかい》 ク経歴《けいれき》 ケ平常心《へいじょうしん》

学力《がくりょく》アップ！

「収拾《しゅうしゅう》」と「収集《しゅうしゅう》」のように、発音《はつおん》が同《おな》じで意味《いみ》が異《こと》なる言葉《ことば》を同音異義語《どうおんいぎご》という。

意味《いみ》のわかる言葉《ことば》に、チェックを入《い》れよう（☑）。 ステップ1

❶ 口実《こうじつ》 □
❷ 樹立《じゅりつ》 □
❸ 犯罪《はんざい》 □
❹ 年号《ねんごう》 □
❺ 収拾《しゅうしゅう》 □
❻ 収集《しゅうしゅう》 □
❼ 打開《だかい》 □
❽ 平常心《へいじょうしん》 □
❾ 経歴《けいれき》 □

（　）に当《あ》てはまる言葉《ことば》を上《うえ》から選《えら》び、文章《ぶんしょう》を完成《かんせい》させよう。 ステップ2

㋐（　　　　）をとりしまる。
㋑クラスの（　　　　）がつかなくなる。
㋒新記録《しんきろく》を（　　　　）する。
㋓切手《きって》の（　　　　）が趣味《しゅみ》です。
㋔彼《かれ》はいつも、仕事《しごと》をさぼるための（　　　　）を考《かんが》えている。
㋕平成《へいせい》の前《まえ》の（　　　　）は、昭和《しょうわ》です。
㋖（　　　　）策《さく》を練《ね》る。
㋗数々《かずかず》の賞《しょう》を受賞《じゅしょう》しているすばらしい（　　　　）の持《も》ち主《ぬし》。
㋘ピンチになっても（　　　　）をたもとう。

※こたえは右《みぎ》ページ下《した》

それぞれの言葉《ことば》の意味《いみ》を、しっかりおぼえよう。 ステップ3

❶ **口実《こうじつ》**
嫌《いや》なことから、逃《に》げようとするための言葉《ことば》。言《い》いわけ。

❷ **樹立《じゅりつ》**
新《あたら》しくつくり上《あ》げること。

❸ **犯罪《はんざい》**
罪《つみ》をおかすこと。また、その罪《つみ》。

❹ **年号《ねんごう》**
年《ねん》につける称号《しょうごう》。大正《たいしょう》、昭和《しょうわ》、平成《へいせい》など。

❺ **収拾《しゅうしゅう》**
混乱《こんらん》した状態《じょうたい》をまとめること。

❻ **収集《しゅうしゅう》**
趣味《しゅみ》や研究《けんきゅう》のために、品《しな》物《もの》を集《あつ》めること。

❼ **打開《だかい》**
ゆきづまりを切《き》り開《ひら》き、解《かい》決《けつ》の方法《ほうほう》を見《み》つけること。

❽ **平常心《へいじょうしん》**
いつもと変《か》わらない心《こころ》。

❾ **経歴《けいれき》**
今《いま》まで学《まな》んだり、働《はたら》いてきたりしたことがら。

学《まな》んだ語彙数《ごいすう》 9～17

学習日《がくしゅうび》　月　日

右《みぎ》ページ（4ページ）のこたえ

㋐優先《ゆうせん》　㋑予期《よき》　㋒権限《けんげん》　㋓外見《がいけん》　㋔実情《じつじょう》　㋕達筆《たっぴつ》　㋖開票《かいひょう》　㋗難色《なんしょく》

学力《がくりょく》アップ！

「難色《なんしょく》」は、「難色《なんしょく》を示《しめ》す」という形《かたち》で使《つか》われることが多《おお》い言葉《ことば》。

学《まな》んだ語彙数《ごいすう》 18〜26

ステップ1

意味《いみ》のわかる言葉《ことば》に、チェックを入《い》れよう（☑）。

❶ 着服《ちゃくふく》 □

❷ 価値観《かちかん》 □

❸ 混同《こんどう》 □

❹ 寺社《じしゃ》 □

❺ 実績《じっせき》 □

❻ 集大成《しゅうたいせい》 □

❼ 内密《ないみつ》 □

❽ 予防《よぼう》 □

❾ 向上《こうじょう》 □

ステップ2

（　）に当《あ》てはまる言葉《ことば》を上《うえ》から選《えら》び、文章《ぶんしょう》を完成《かんせい》させよう。

㋐ かぜの（　　）には、手洗《てあら》い・うがいが効果的《こうかてき》だ。

㋑ どうかこの話《はなし》は（　　）に。

㋒ 会社《かいしゃ》の金《かね》を（　　）した男《おとこ》が逮捕《たいほ》される。

㋓ 近《ちか》くの（　　）にお参《まい》りする。

㋔ 研究《けんきゅう》（　　）を積《つ》み上《あ》げる。

㋕ 今回《こんかい》の作品《さくひん》は、あの作家《さっか》の（　　）といえるものだ。

㋖ 彼《かれ》とは（　　）が異《こと》なる。

㋗ 遊《あそ》びと仕事《しごと》を（　　）してはいけない。

㋘ 学力《がくりょく》が（　　）する。

※こたえは左《ひだり》ページ下《した》

ステップ3

それぞれの言葉《ことば》の意味《いみ》を、しっかりおぼえよう。

❶ **着服《ちゃくふく》**
盗《ぬす》んで、自分《じぶん》のものにすること。

❷ **価値観《かちかん》**
物事《ものごと》のどんなところに価《か》値《ち》をみとめるのか、ということに対《たい》する考《かんが》え。

❸ **混同《こんどう》**
本来《ほんらい》区別《くべつ》するものを、同《おな》じものとしてあつかうこと。

❹ **寺社《じしゃ》**
寺《てら》と神社《じんじゃ》。

❺ **実績《じっせき》**
実際《じっさい》になしとげた立派《りっぱ》な働《はたら》き。

❻ **集大成《しゅうたいせい》**
多《おお》くのものを集《あつ》めて、ひとつにまとめ上《あ》げること。

❼ **内密《ないみつ》**
秘密《ひみつ》にすること。

❽ **予防《よぼう》**
病気《びょうき》や災害《さいがい》など悪《わる》いことが起《お》こらないように、前《まえ》もって守《まも》ること。

❾ **向上《こうじょう》**
良《よ》い方向《ほうこう》へ向《む》かうこと。

学習日《がくしゅうび》　　月　　日

左《ひだり》ページ（7ページ）のこたえ

㋐林立《りんりつ》　㋑自覚《じかく》　㋒活気《かっき》　㋓弁論《べんろん》　㋔取《と》りこし苦労《ぐろう》　㋕縦断《じゅうだん》　㋖苦笑《にがわら》い　㋗定額《ていがく》　㋘再来《さいらい》

学力《がくりょく》アップ！

「取りこし苦労」は、「とりこしくろう」とも読《よ》む。

意味《いみ》のわかる言葉《ことば》に、チェックを入《い》れよう(☑)。 ステップ1

1 弁論《べんろん》 □
2 林立《りんりつ》 □
3 活気《かっき》 □
4 自覚《じかく》 □
5 縦断《じゅうだん》 □
6 定額《ていがく》 □
7 取《と》りこし苦労《ぐろう》 □
8 再来《さいらい》 □
9 苦笑《にがわら》い □

学《まな》んだ語彙数《ごいすう》 27〜35

(　)に当《あ》てはまる言葉《ことば》を上《うえ》から選《えら》び、文章《ぶんしょう》を完成《かんせい》させよう。 ステップ2

ア 煙突《えんとつ》が(　　　)する工業地帯《こうぎょうちたい》。
イ 飼育委員《しいくいいん》の(　　　)をもって、動物《どうぶつ》を世話《せわ》する。
ウ (　　　)のある商店街《しょうてんがい》。
エ (　　　)大会《たいかい》に出場《しゅつじょう》する。
オ 心配性《しんぱいしょう》な性格《せいかく》で、(　　　)ばかりしている。
カ 鉄道《てつどう》で大陸《たいりく》を(　　　)する。
キ つまらないジョークに(　　　)する。
ク 毎月《まいつき》、(　　　)を支払《しはら》う。
ケ モーツァルトの(　　　)と呼《よ》ばれている音楽家《おんがくか》。

※こたえは右《みぎ》ページ下《した》

それぞれの言葉《ことば》の意味《いみ》を、しっかりおぼえよう。 ステップ3

1 **弁論《べんろん》** 自分《じぶん》の意見《いけん》を述《の》べること。
2 **林立《りんりつ》** 林《はやし》の木《き》のように、多《おお》くのものが並《なら》び立《た》つこと。
3 **活気《かっき》** いきいきとした雰囲気《ふんいき》。
4 **自覚《じかく》** 自分《じぶん》の置《お》かれている立場《たちば》や能力《のうりょく》などを、はっきりと知《し》ること。
5 **縦断《じゅうだん》** 南北《なんぼく》、または上下《じょうげ》の方向《ほうこう》に、通《とお》りぬけること。
6 **定額《ていがく》** 一定《いってい》の金額《きんがく》。
7 **取《と》りこし苦労《ぐろう》** 実際起《じっさいお》こるかわからないことに対《たい》し、あれこれと心配《しんぱい》すること。
8 **再来《さいらい》** ①ふたたび来《く》ること。②生《う》まれ変《か》わり。
9 **苦笑《にがわら》い** 心《こころ》では苦々《にがにが》しく思《おも》いながら、無理《むり》に笑《わら》うこと。

学習日《がくしゅうび》 　月　日

右《みぎ》ページ(6ページ)のこたえ
ア予防《よぼう》 イ内密《ないみつ》 ウ着服《ちゃくふく》 エ寺社《じしゃ》 オ実績《じっせき》 カ集大成《しゅうたいせい》 キ価値観《かちかん》 ク混同《こんどう》 ケ向上《こうじょう》

学力《がくりょく》アップ！

「向上《こうじょう》」の対義語《たいぎご》(反対《はんたい》の意味《いみ》をもつ言葉《ことば》)は「低下《ていか》」。

ステップ1 意味《いみ》のわかる言葉《ことば》に、チェックを入《い》れよう(☑)。

❶ 相性《あいしょう》 □
❷ 定石《じょうせき》 □
❸ 過不足《かふそく》 □
❹ 手動《しゅどう》 □
❺ 率先《そっせん》 □
❻ 落選《らくせん》 □
❼ 治安《ちあん》 □
❽ 閉店《へいてん》 □
❾ 見聞《けんぶん》 □

ステップ2 ( )に当《あ》てはまる言葉《ことば》を上《うえ》から選《えら》び、文章《ぶんしょう》を完成《かんせい》させよう。

ア 2度《ど》の( )を経《へ》て、ようやく議員《ぎいん》に選《えら》ばれた。
イ この店《みせ》は夜《よる》8時《じ》に( )します。
ウ ( )を広《ひろ》める旅《たび》に出《で》る。
エ ( )して、声《こえ》を出《だ》す。
オ ぼくと彼《かれ》は( )が悪《わる》い。
カ ( )通《どお》りの作戦《さくせん》。
キ 商品《しょうひん》を( )なく並《なら》べる。
ク 日本《にほん》はほかの国《くに》に比《くら》べ、( )のいい国《くに》だ。
ケ ( )で機械《きかい》を操作《そうさ》する。

※こたえは左《ひだり》ページ下《した》

ステップ3 それぞれの言葉《ことば》の意味《いみ》を、しっかりおぼえよう。

❶ **相性《あいしょう》** 性質《せいしつ》・性格《せいかく》などがよく合《あ》うこと。
❷ **定石《じょうせき》** そうするのがもっとも良《よ》いとされる方法《ほうほう》や手順《てじゅん》。
❸ **過不足《かふそく》** 余分《よぶん》なことと、足《た》りないこと。
❹ **手動《しゅどう》** 手《て》で動《うご》かすこと。
❺ **率先《そっせん》** 人《ひと》の先《さき》に立《た》って、行動《こうどう》すること。
❻ **落選《らくせん》** ①選挙《せんきょ》で落《お》ちること。②選《えら》ばれないこと。
❼ **治安《ちあん》** 世《よ》の中《なか》が、平和《へいわ》におさまっていること。
❽ **閉店《へいてん》** ①店《みせ》が、その日《ひ》の商売《しょうばい》を終《お》えること。②商売《しょうばい》をやめ、店《みせ》を閉《と》じること。
❾ **見聞《けんぶん》** 見《み》たり聞《き》いたりして得《え》た知識《ちしき》。

学《まな》んだ語彙数《ごいすう》 36～44

学習日《がくしゅうび》 月 日

左《ひだり》ページ(9ページ)のこたえ

ア完敗《かんぱい》 イ比率《ひりつ》 ウ空想《くうそう》 エ類似《るいじ》 オ効率《こうりつ》 カ入手《にゅうしゅ》 キ立腹《りっぷく》 ク招待《しょうたい》 ケ吸引《きゅういん》

学力《がくりょく》アップ!

「完敗《かんぱい》」に対《たい》し、完全《かんぜん》に勝《か》つことは「完勝《かんしょう》」という。

ステップ1

意味《いみ》のわかる言葉《ことば》に、チェックを入《い》れよう（☑）。

❶ 比率《ひりつ》 □
❷ 吸引《きゅういん》 □
❸ 空想《くうそう》 □
❹ 招待《しょうたい》 □
❺ 入手《にゅうしゅ》 □
❻ 立腹《りっぷく》 □
❼ 類似《るいじ》 □
❽ 効率《こうりつ》 □
❾ 完敗《かんぱい》 □

学《まな》んだ語彙数《ごいすう》 45～53

ステップ2

（　）に当《あ》てはまる言葉《ことば》を上《うえ》から選《えら》び、文章《ぶんしょう》を完成《かんせい》させよう。

ア 昨年《さくねん》の優勝《ゆうしょう》チームと戦《たたか》ったが、（　）だった。
イ このクラスの男女《だんじょ》（　）は、ほぼ一対一《いったいいち》です。
ウ （　）の中《なか》で、人気歌手《にんきかしゅ》になる。
エ この絵《え》とあの絵《え》は非常《ひじょう》に（　）している。
オ そのやり方《かた》は（　）が悪《わる》い。
カ ほしかったゲームを、ついに（　）する。
キ 相手《あいて》の態度《たいど》に（　）する。
ク 誕生会《たんじょうかい》に（　）される。
ケ （　）力《りょく》のすごい掃除機《そうじき》。

※ こたえは右《みぎ》ページ下《した》

ステップ3

それぞれの言葉《ことば》の意味《いみ》を、しっかりおぼえよう。

❶ **比率《ひりつ》** 2つ以上《いじょう》の数量《すうりょう》を比《くら》べた割合《わりあい》。
❷ **吸引《きゅういん》** 吸《す》いこむこと。
❸ **空想《くうそう》** 現実《げんじつ》ではありえないことを、頭《あたま》の中《なか》だけでいろいろ想像《そうぞう》すること。
❹ **招待《しょうたい》** 客《きゃく》をまねいて、もてなすこと。
❺ **入手《にゅうしゅ》** 手《て》に入《い》れて、自分《じぶん》のものにすること。
❻ **立腹《りっぷく》** 腹《はら》を立《た》てること。怒《おこ》ること。
❼ **類似《るいじ》** 共通点《きょうつうてん》がたくさんあって、似《に》ていること。
❽ **効率《こうりつ》** 機械《きかい》などの仕事量《しごとりょう》と、そのために費《つい》やしたエネルギーの比率《ひりつ》。
❾ **完敗《かんぱい》** 勝負《しょうぶ》・試合《しあい》などで、完全《かんぜん》に負《ま》けること。

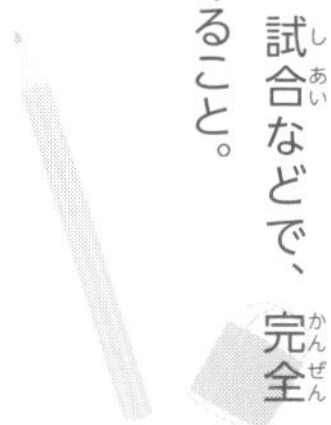

学習日《がくしゅうび》　月　日

右《みぎ》ページ（8ページ）のこたえ

ア 落選《らくせん》　イ 閉店《へいてん》　ウ 見聞《けんぶん》　エ 率先《そっせん》　オ 相性《あいしょう》　カ 定石《じょうせき》　キ 過不足《かふそく》　ク 治安《ちあん》　ケ 手動《しゅどう》

学力《がくりょく》アップ！

「落選《らくせん》」の①の意味《いみ》での対義語《たいぎご》は「当選《とうせん》」、②の意味《いみ》での対義語《たいぎご》は「入選《にゅうせん》」。

学《まな》んだ語彙数《ごいすう》 54～62

ステップ1

意味《いみ》のわかる言葉《ことば》に、チェックを入《い》れよう（☑）。

❶ あお向《む》け □
❷ うつぶせ □
❸ 上出来《じょうでき》 □
❹ 任命《にんめい》 □
❺ 両立《りょうりつ》 □
❻ 論外《ろんがい》 □
❼ 新調《しんちょう》 □
❽ 感化《かんか》 □
❾ 看過《かんか》 □

ステップ2

（　）に当《あ》てはまる言葉《ことば》を上《うえ》から選《えら》び、文章《ぶんしょう》を完成《かんせい》させよう。

ア（　　　　）になって、あごを枕《まくら》につける。
イ スーツを（　　　　）する。
ウ 君《きみ》の主張《しゅちょう》は（　　　　）で、これ以上《いじょう》話《はな》しても意味《いみ》がない。
エ（　　　　）できない問題《もんだい》が発生《はっせい》する。
オ はじめてでこれだけできたら、（　　　　）だ。
カ リーダーに（　　　　）される。
キ 勉強《べんきょう》と部活《ぶかつ》を（　　　　）させる。
ク 友達《ともだち》に（　　　　）され、勉強《べんきょう》をがんばる。
ケ（　　　　）に寝《ね》て、空《そら》を見《み》る。

※こたえは左《ひだり》ページ下《した》

ステップ3

それぞれの言葉《ことば》の意味《いみ》を、しっかりおぼえよう。

❶ **あお向《む》け** 顔《かお》や物《もの》の表面《ひょうめん》を、上《うえ》に向《む》けること。
❷ **うつぶせ** 顔《かお》や腹《はら》を下《した》にして、横《よこ》たわること。
❸ **上出来《じょうでき》** 出来栄《できば》えや結果《けっか》が、なかなか優《すぐ》れていること。
❹ **任命《にんめい》** ある役目《やくめ》につくよう、命《めい》じること。
❺ **両立《りょうりつ》** 両方《りょうほう》とも成《な》り立《た》つこと。
❻ **論外《ろんがい》** 論《ろん》じる（論争《ろんそう》する）価値《かち》のないこと。もってのほか。
❼ **新調《しんちょう》** 新《あら》しくつくること。
❽ **感化《かんか》** 影響《えいきょう》を受《う》け、考《かんが》え方《かた》や行動《こうどう》がいい方向《ほうこう》に変《か》わること。
❾ **看過《かんか》** 見逃《みのが》すこと。

学習日《がくしゅうび》　月　日

左《ひだり》ページ（11ページ）のこたえ

ア ぬかるみ　イ 正念場《しょうねんば》　ウ 常温《じょうおん》　エ 大局《たいきょく》　オ 気落《きお》ち　カ 心当《こころあ》たり　キ 寸断《すんだん》　ク 去就《きょしゅう》　ケ 列挙《れっきょ》

学力《がくりょく》アップ！

「去就《きょしゅう》」と似《に》た意味《いみ》の言葉《ことば》に「進退《しんたい》」がある。

ステップ1 意味《いみ》のわかる言葉《ことば》に、チェックを入《い》れよう（☑）。

1. 心当《こころあ》たり □
2. 去就《きょしゅう》 □
3. 気落《きお》ち □
4. 常温《じょうおん》 □
5. 正念場《しょうねんば》 □
6. ぬかるみ □
7. 列挙《れっきょ》 □
8. 大局《たいきょく》 □
9. 寸断《すんだん》 □

学《まな》んだ語彙数《ごいすう》 63～71

ステップ2 （　）に当《あ》てはまる言葉《ことば》を上《うえ》から選《えら》び、文章《ぶんしょう》を完成《かんせい》させよう。

ア （　　）に足《あし》をとられる。

イ ここが（　　）だ。

ウ この薬《くすり》は（　　）で保存《ほぞん》してください。

エ 細《こま》かい点《てん》ばかり見《み》ず、（　　）を見《み》よう。

オ 元気出《げんきだ》すんだ。（　　）しているひまはない。

カ 電話《でんわ》の声《こえ》に（　　）はない。

キ 道《みち》が（　　）される。

ク 彼《かれ》の今後《こんご》の（　　）が注目《ちゅうもく》される。

ケ 問題点《もんだいてん》を（　　）する。

※こたえは右《みぎ》ページ下《した》

ステップ3 それぞれの言葉《ことば》の意味《いみ》を、しっかりおぼえよう。

1. **心当《こころあ》たり** 心《こころ》に思《おも》い当《あ》たること。
2. **去就《きょしゅう》** 去《さ》ることと、とどまること。
3. **気落《きお》ち** がっかりして、気力《きりょく》が弱《よわ》ること。
4. **常温《じょうおん》** 熱《ねっ》したり、冷《ひ》やしたりしない、普通《ふつう》の状態《じょうたい》の温度《おんど》。
5. **正念場《しょうねんば》** その人《ひと》の真《しん》の能力《のうりょく》をあらわすべき、もっとも大事《だいじ》な場面《ばめん》。
6. **ぬかるみ** 雨《あめ》や雪《ゆき》どけなどで、地面《じめん》がどろどろになっているところ。どろ道《みち》。
7. **列挙《れっきょ》** ひとつひとつ並《なら》べあげること。
8. **大局《たいきょく》** 全体《ぜんたい》のありさま。
9. **寸断《すんだん》** ずたずたに切《き》ること。

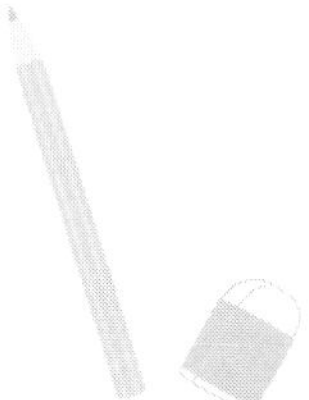

学習日《がくしゅうび》 　月　　日

右《みぎ》ページ（10ページ）のこたえ

ア うつぶせ　イ 新調《しんちょう》　ウ 論外《ろんがい》　エ 看過《かんか》　オ 上出来《じょうでき》　カ 任命《にんめい》　キ 両立《りょうりつ》　ク 感化《かんか》　ケ あお向《む》け

学力《がくりょく》アップ！

「看過《かんか》」は、「看過《かんか》できない」の形《かたち》で使《つか》われることの多《おお》い言葉《ことば》。

学《まな》んだ語彙数《ごいすう》 72～80

学習日《がくしゅうび》 月 日

ステップ1

意味《いみ》のわかる言葉《ことば》に、チェックを入《い》れよう（☑）。

1. 赤字《あかじ》 □
2. 黒字《くろじ》 □
3. 幕末《ばくまつ》 □
4. 年頭《ねんとう》 □
5. 念頭《ねんとう》 □
6. 意図《いと》 □
7. 第一人者《だいいちにんしゃ》 □
8. 来日《らいにち》 □
9. 暗示《あんじ》 □

ステップ2

（　）に当《あ》てはまる言葉《ことば》を上《うえ》から選《えら》び、文章《ぶんしょう》を完成《かんせい》させよう。

ア 彼女《かのじょ》のアドバイスを（　　）において行動《こうどう》する。

イ 馬鹿《ばか》にする（　　）はなかった。

ウ （　　）続《つづ》きで、会社《かいしゃ》の経営《けいえい》がかたむく。

エ 坂本龍馬《さかもとりょうま》は（　　）の人物《じんぶつ》。

オ 景気《けいき》が良《よ》くなり、（　　）の企業《きぎょう》が増《ふ》える。

カ 化石研究《かせきけんきゅう》の（　　）。

キ アメリカの人気俳優《にんきはいゆう》が、（　　）する。

ク （　　）にかかる。

ケ （　　）のあいさつに出向《でむ》く。

※こたえは左《ひだり》ページ下《した》

ステップ3

それぞれの言葉《ことば》の意味《いみ》を、しっかりおぼえよう。

1. **赤字《あかじ》** 支払《しはら》う額《がく》が、収入《しゅうにゅう》より多《おお》いこと。
2. **黒字《くろじ》** 収入《しゅうにゅう》が、支払《しはら》う額《がく》より多《おお》いこと。
3. **幕末《ばくまつ》** 江戸時代《えどじだい》（江戸幕府《えどばくふ》）の終《お》わりに近《ちか》いころ。
4. **年頭《ねんとう》** 年《とし》のはじめ。
5. **念頭《ねんとう》** 心《こころ》の中《なか》。
6. **意図《いと》** 考《かんが》え。
7. **第一人者《だいいちにんしゃ》** その分野《ぶんや》で、もっとも優《すぐ》れた人《ひと》。
8. **来日《らいにち》** 外国人《がいこくじん》が日本《にほん》に来《く》ること。
9. **暗示《あんじ》** ①ヒントを与《あた》えて、それとなく示《しめ》すこと。②考《かんが》え方《かた》や行動《こうどう》が、何《なん》らかの影響《えいきょう》を受《う》け、無意識《むいしき》に変化《へんか》する現象《げんしょう》。

左《ひだり》ページ（13ページ）のこたえ

ア田園《でんえん》 イ年表《ねんぴょう》 ウ確実視《かくじつし》 エ朗読《ろうどく》 オ過程《かてい》 カ常食《じょうしょく》 キ消息《しょうそく》 ク元祖《がんそ》 ケ世相《せそう》

学力《がくりょく》アップ！

似《に》た意味《いみ》の「音読《おんどく》」に比《くら》べ、「朗読《ろうどく》」のほうが、感情《かんじょう》をこめて読《よ》んでいる感《かん》じが強《つよ》い。

ステップ1
意味《いみ》のわかる言葉《ことば》に、チェックを入《い》れよう（☑）。

❶ 消息《しょうそく》 □
❷ 朗読《ろうどく》 □
❸ 元祖《がんそ》 □
❹ 常食《じょうしょく》 □
❺ 田園《でんえん》 □
❻ 年表《ねんぴょう》 □
❼ 過程《かてい》 □
❽ 世相《せそう》 □
❾ 確実視《かくじつし》 □

ステップ2
（　）に当《あ》てはまる言葉《ことば》を上《うえ》から選《えら》び、文章《ぶんしょう》を完成《かんせい》させよう。

ア 美《うつく》しい（　　）風景《ふうけい》が広《ひろ》がっている。
イ 日本史《にほんし》の（　　）を見《み》て、勉強《べんきょう》する。
ウ 首相《しゅしょう》の続投《ぞくとう》は（　　）されている。
エ 詩《し》を（　　）する。
オ 結果《けっか》だけでなく（　　）も大事《だいじ》だ。
カ パンを（　　）している国《くに》。
キ その後《ご》の（　　）は不明《ふめい》だ。
ク この店《みせ》はカツカレーの（　　）だ。
ケ （　　）を反映《はんえい》した映画《えいが》。

※こたえは右《みぎ》ページ下《した》

学《まな》んだ語彙数《ごいすう》 81〜89

ステップ3
それぞれの言葉《ことば》の意味《いみ》を、しっかりおぼえよう。

❶ **消息《しょうそく》** ①人《ひと》や物事《ものごと》のようす・事情《じじょう》。②手紙《てがみ》。知《し》らせ。
❷ **朗読《ろうどく》** 声《こえ》に出《だ》して読《よ》み上《あ》げること。
❸ **元祖《がんそ》** あることを、最初《さいしょ》にはじめた人《ひと》や店《みせ》など。
❹ **常食《じょうしょく》** 日常的《にちじょうてき》に食《た》べること。また、その食事《しょくじ》。
❺ **田園《でんえん》** 田《た》と畑《はたけ》。田畑《たはた》がある地方《ちほう》。
❻ **年表《ねんぴょう》** 歴史上《れきしじょう》の事件《じけん》などを、年《ねん》月《げつ》の順《じゅん》をおって表《ひょう》にしたもの。
❼ **過程《かてい》** 物事《ものごと》が移《うつ》り変《か》わり、ある結果《けっか》に達《たっ》するまでの道《みち》すじ。プロセス。
❽ **世相《せそう》** 世《よ》の中《なか》の状態《じょうたい》。
❾ **確実視《かくじつし》** 確《たし》かにそうなるだろうと思《おも》うこと。

学習日《がくしゅうび》　月　日

右《みぎ》ページ（12ページ）のこたえ
ア 念頭《ねんとう》　イ 意図《いと》　ウ 赤字《あかじ》　エ 幕末《ばくまつ》　オ 黒字《くろじ》　カ 第一人者《だいいちにんしゃ》　キ 来日《らいにち》　ク 暗示《あんじ》　ケ 年頭《ねんとう》

学力《がくりょく》アップ！
「来日《らいにち》」は外国人《がいこくじん》が日本《にほん》に来《く》ること。外国《がいこく》人《じん》が日本《にほん》を離《はな》れることは「離日《りにち》」という。

ステップ1

意味《いみ》のわかる言葉《ことば》に、チェックを入《い》れよう（☑）。

❶ 量産《りょうさん》 □
❷ 折半《せっぱん》 □
❸ 慣例《かんれい》 □
❹ 身辺《しんぺん》 □
❺ 賛辞《さんじ》 □
❻ 持論《じろん》 □
❼ 直筆《じきひつ》 □
❽ 義務《ぎむ》 □
❾ 足留《あしど》め □

学《まな》んだ語彙数《ごいすう》 90～98

ステップ2

（　）に当《あ》てはまる言葉《ことば》を上《うえ》から選《えら》び、文章《ぶんしょう》を完成《かんせい》させよう。

ア 利益《りえき》を（　　）する。
イ 責任《せきにん》をもって、（　　）を果《は》たす。
ウ 惜《お》しみない（　　）を送《おく》る。
エ 人気選手《にんきせんしゅ》の（　　）サイン。
オ （　　）を展開《てんかい》する。
カ （　　）を警護《けいご》する。
キ 人気《にんき》の出《で》た商品《しょうひん》を、急《いそ》いで（　　）する。
ク 車両故障《しゃりょうこしょう》の影響《えいきょう》で、駅《えき》で（　　）をくう。
ケ その地方《ちほう》の（　　）にしたがって、行動《こうどう》する。

※こたえは左《ひだり》ページ下《した》

ステップ3

それぞれの言葉《ことば》の意味《いみ》を、しっかりおぼえよう。

❶ **量産《りょうさん》** 同《おな》じ商品《しょうひん》を大量《たいりょう》につくること。
❷ **折半《せっぱん》** 半分《はんぶん》にすること。
❸ **慣例《かんれい》** 昔《むかし》からの習慣《しゅうかん》。
❹ **身辺《しんぺん》** 身《み》のまわり。
❺ **賛辞《さんじ》** ほめたたえる言葉《ことば》。
❻ **持論《じろん》** 常日頃《つねひごろ》から、主張《しゅちょう》している意見《いけん》。
❼ **直筆《じきひつ》** 自分自身《じぶんじしん》で書《か》くこと。また、その書《か》いたもの。
❽ **義務《ぎむ》** ①それぞれの立場《たちば》で、当然《とうぜん》しなければならないこと。②法律《ほうりつ》で負《お》わされている制限《せいげん》や決《き》まりなど。
❾ **足留《あしど》め** ①事件《じけん》や事故《じこ》などで、その場《ば》から移動《いどう》できなくなること。②通行《つうこう》や外出《がいしゅつ》を禁止《きんし》すること。

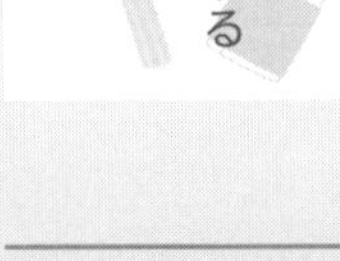

学習日《がくしゅうび》　月　日

左《ひだり》ページ（15ページ）のこたえ

ア帰化《きか》 イ手腕《しゅわん》 ウ探査《たんさ》 エ気化《きか》 オ初歩《しょほ》 カ厚意《こうい》 キ好意《こうい》 ク胸中《きょうちゅう》 ケ歯《は》ごたえ

学力《がくりょく》アップ！

液体《えきたい》や個体《こたい》が、表面《ひょうめん》から気化《きか》することを「蒸発《じょうはつ》」という。

ステップ1 意味《いみ》のわかる言葉《ことば》に、チェックを入《い》れよう（☑）。

❶ 気化《きか》 □
❷ 帰化《きか》 □
❸ 好意《こうい》 □
❹ 厚意《こうい》 □
❺ 手腕《しゅわん》 □
❻ 探査《たんさ》 □
❼ 胸中《きょうちゅう》 □
❽ 初歩《しょほ》 □
❾ 歯《は》ごたえ □

学《まな》んだ語彙数《ごいすう》 99～107

ステップ2 （　）に当《あ》てはまる言葉《ことば》を上《うえ》から選《えら》び、文章《ぶんしょう》を完成《かんせい》させよう。

ア 長年《ながねん》日本《にほん》に暮《く》らすマイクさんは、日本《にほん》に（　　）する予定《よてい》だ。
イ 政治《せいじ》に（　　）を発揮《はっき》する。
ウ 火星《かせい》に（　　）機《き》をおくる。
エ 液体《えきたい》が（　　）する。
オ 英語《えいご》を（　　）から学《まな》ぶ。
カ みんなの暖《あたた》かな（　　）に感謝《かんしゃ》する。
キ ぼくは彼女《かのじょ》に（　　）をもっている。
ク つらい（　　）を打《う》ち明《あ》ける。
ケ どの相手《あいて》も、まるで（　　）がなかった。

※こたえは右《みぎ》ページ下《した》

ステップ3 それぞれの言葉《ことば》の意味《いみ》を、しっかりおぼえよう。

❶ **気化《きか》**
液体《えきたい》が気体《きたい》に変《か》わる現象《げんしょう》。個体《こたい》が直接《ちょくせつ》、気体《きたい》に変《か》わる場合《ばあい》をふくむこともある。

❷ **帰化《きか》**
ほかの国《くに》の国籍《こくせき》を得《え》て、その国《くに》の国民《こくみん》となること。

❸ **好意《こうい》**
親《した》しみや愛情《あいじょう》の心《こころ》。

❹ **厚意《こうい》**
他人《たにん》が自分《じぶん》に示《しめ》してくれた、思《おも》いやりの心《こころ》。

❺ **手腕《しゅわん》**
物事《ものごと》をおこなう能力《のうりょく》。

❻ **探査《たんさ》**
よくわかっていないことがらについて、さぐり調《しら》べること。

❼ **胸中《きょうちゅう》**
心《こころ》。思《おも》い。

❽ **初歩《しょほ》**
学問《がくもん》や芸《げい》の、最初《さいしょ》の段階《だんかい》。

❾ **歯《は》ごたえ**
①ものをかんだとき、歯《は》に返《かえ》ってくるかたい感《かん》じ。
②張《は》り合《あ》い、やりがいなどがあること。

学習日《がくしゅうび》 　月　　日

右《みぎ》ページ（14ページ）のこたえ
ア折半《せっぱん》　イ義務《ぎむ》　ウ賛辞《さんじ》　エ直筆《じきひつ》　オ持論《じろん》　カ身辺《しんぺん》　キ量産《りょうさん》　ク足留《あしど》め　ケ慣例《かんれい》

学力《がくりょく》アップ！

「義務《ぎむ》」の対義語《たいぎご》は「権利《けんり》」。

学《まな》んだ語彙数《ごいすう》 108～116

ステップ1 意味《いみ》のわかる言葉《ことば》に、チェックを入《い》れよう(☑)。

❶ 一因《いちいん》 □
❷ 先代《せんだい》 □
❸ 気晴《きば》らし □
❹ 下準備《したじゅんび》 □
❺ 知名度《ちめいど》 □
❻ 初耳《はつみみ》 □
❼ 天災《てんさい》 □
❽ 生態《せいたい》 □
❾ 花形《はながた》 □

ステップ2 (　)に当《あ》てはまる言葉《ことば》を上《うえ》から選《えら》び、文章《ぶんしょう》を完成《かんせい》させよう。

ア （　　　）はふせぎようがない。
イ 彼《かれ》はこのチームの（　　　）だ。
ウ 店《みせ》が駅《えき》から遠《とお》いことも、はやらない（　　　）だろう。
エ 前日《ぜんじつ》に（　　　）をすませておく。
オ バッタの（　　　）を観察《かんさつ》する。
カ （　　　）に歌《うた》う。
キ テレビに出《で》て（　　　）が上《あ》がる。
ク その話《はなし》は（　　　）です。
ケ （　　　）の味《あじ》を守《まも》り続《つづ》ける店《みせ》。

※こたえは左《ひだり》ページ下《した》

ステップ3 それぞれの言葉《ことば》の意味《いみ》を、しっかりおぼえよう。

❶ **一因《いちいん》** ひとつの原因《げんいん》。
❷ **先代《せんだい》** 当主《とうしゅ》（その家《いえ》の現在《げんざい》の主《しゅ》人《じん》）の前《まえ》の代《だい》。
❸ **気晴《きば》らし** ほかのことをして、気分《きぶん》を晴《は》らすこと。
❹ **下準備《したじゅんび》** 前《まえ》もってしておく準備《じゅんび》。
❺ **知名度《ちめいど》** どれほど世《よ》の中《なか》に名《な》が知《し》られているかの度合《どあ》い。
❻ **初耳《はつみみ》** はじめて聞《き》くこと。
❼ **天災《てんさい》** 地震《じしん》・台風《たいふう》など、自然界《しぜんかい》の現象《げんしょう》によって起《お》こる災害《さいがい》。
❽ **生態《せいたい》** 自然界《しぜんかい》に生活《せいかつ》している、生物《せいぶつ》の状態《じょうたい》。
❾ **花形《はながた》** 人気《にんき》があり、注目《ちゅうもく》されている人《ひと》やことがら。

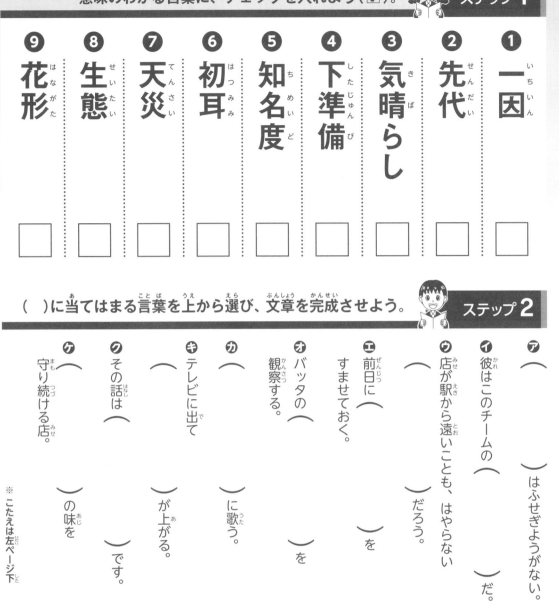

学習日《がくしゅうび》 　月　日

左《ひだり》ページ(17ページ)のこたえ

ア死角《しかく》 イ同意《どうい》 ウ自家製《じかせい》 エ寄与《きよ》 オ足並《あしな》み カ模写《もしゃ》 キ思《おも》い過《す》ごし ク素人《しろうと》 ケ全盛期《ぜんせいき》

学力《がくりょく》アップ！

「素人《しろうと》」の対義語《たいぎご》は「玄人《くろうと》」。

ステップ1

意味《いみ》のわかる言葉《ことば》に、チェックを入《い》れよう(☑)。

❶ 素人《しろうと》 □
❷ 足並《あしな》み □
❸ 寄与《きよ》 □
❹ 全盛期《ぜんせいき》 □
❺ 模写《もしゃ》 □
❻ 死角《しかく》 □
❼ 自家製《じかせい》 □
❽ 思《おも》い過《す》ごし □
❾ 同意《どうい》 □

学《まな》んだ語彙数《ごいすう》 117～125

ステップ2

( )に当《あ》てはまる言葉《ことば》を上《うえ》から選《えら》び、文章《ぶんしょう》を完成《かんせい》させよう。

㋐ 木《き》が(　　)になって、見《み》えづらい。
㋑ 彼女《かのじょ》の意見《いけん》に(　　)する。
㋒ (　　)のジャムを送《おく》る。
㋓ 国《くに》の発展《はってん》に(　　)する。
㋔ まわりと(　　)をそろえる。
㋕ ペンでリンゴを(　　)する。
㋖ それは君《きみ》の(　　)だ。
㋗ (　　)ばかりで結成《けっせい》した写真《しゃしん》サークル。
㋘ (　　)を過《す》ぎたとはいえ、まだなくてはならない戦力《せんりょく》だ。

※こたえは右《みぎ》ページ下《した》

ステップ3

それぞれの言葉《ことば》の意味《いみ》を、しっかりおぼえよう。

❶ **素人《しろうと》**
ある物事《ものごと》の経験《けいけん》が少《すく》ない人《ひと》。専門家《せんもんか》ではない人《ひと》。

❷ **足並《あしな》み**
①集団《しゅうだん》で歩《ある》くときの足《あし》の運《はこ》び。
②考《かんが》え方《かた》や行動《こうどう》のそろい具合《ぐあい》。

❸ **寄与《きよ》**
①役《やく》に立《た》つこと。
②贈《おく》り与《あた》えること。

❹ **全盛期《ぜんせいき》**
もっとも盛《さか》んな時期《じき》。

❺ **模写《もしゃ》**
まねて写《うつ》すこと。

❻ **死角《しかく》**
その角度《かくど》からは、見《み》ることのできない範囲《はんい》。

❼ **自家製《じかせい》**
自分《じぶん》の家《いえ》でつくったもの。

❽ **思《おも》い過《す》ごし**
よけいなことまで思《おも》うこと。

❾ **同意《どうい》**
①賛成《さんせい》すること。
②同《おな》じ意見《いけん》。

学習日《がくしゅうび》 　月　　日

右《みぎ》ページ(16ページ)のこたえ

㋐天災《てんさい》 ㋑花形《はながた》 ㋒一因《いちいん》 ㋓下準備《したじゅんび》 ㋔生態《せいたい》 ㋕気晴《きば》らし ㋖知名度《ちめいど》 ㋗初耳《はつみみ》 ㋘先代《せんだい》

学力《がくりょく》アップ!

「天災《てんさい》」に対《たい》し、人間《にんげん》の不注意《ふちゅうい》などによって引《ひ》き起《お》こされる災害《さいがい》を「人災《じんさい》」という。

ステップ1

意味《いみ》のわかる言葉《ことば》に、チェックを入《い》れよう（☑）。

❶ 水平線《すいへいせん》 □
❷ 相殺《そうさい》 □
❸ 教訓《きょうくん》 □
❹ 素通《すどお》り □
❺ 復帰《ふっき》 □
❻ 差《さ》し障《さわ》り □
❼ 着信《ちゃくしん》 □
❽ 待望《たいぼう》 □
❾ 後押《あとお》し □

ステップ2

（　）に当《あ》てはまる言葉《ことば》を上《うえ》から選《えら》び、文章《ぶんしょう》を完成《かんせい》させよう。

㋐（　　）に夕陽《ゆうひ》がしずむ。

㋑応援《おうえん》で選手《せんしゅ》を（　　）する。

㋒今《いま》までの成功《せいこう》が、一度《いちど》の失敗《しっぱい》で（　　）された。

㋓仕事《しごと》に（　　）する。

㋔商店街《しょうてんがい》を（　　）する。

㋕（　　）の入部希望者《にゅうぶきぼうしゃ》があらわれた。

㋖昔話《むかしばなし》には多《おお》くの（　　）がふくまれている。

㋗電話《でんわ》に父《ちち》からの（　　）記録《きろく》が残《のこ》っていた。

㋘（　　）がなければ、全部《ぜんぶ》、話《はな》してください。

※こたえは左《ひだり》ページ下《した》

ステップ3

それぞれの言葉《ことば》の意味《いみ》を、しっかりおぼえよう。

❶ **水平線《すいへいせん》**
海面《かいめん》と空《そら》が接《せっ》して見《み》える線《せん》。

❷ **相殺《そうさい》**
互《たが》いに差《さ》し引《ひ》いて、損得《そんとく》がなくなること。また、良《よ》いことが、差《さ》し引《ひ》かれてなくなること。

❸ **教訓《きょうくん》**
教《おし》えさとすこと。意見《いけん》すること。

❹ **素通《すどお》り**
立《た》ち寄《よ》らず、通《とお》り過《す》ぎること。

❺ **復帰《ふっき》**
もとにもどること。

❻ **差《さ》し障《さわ》り**
都合《つごう》の悪《わる》いこと。

❼ **着信《ちゃくしん》**
①電話《でんわ》がかかってきたり、メールを受《う》けたりすること。②郵便《ゆうびん》などが到着《とうちゃく》すること。

❽ **待望《たいぼう》**
出現《しゅつげん》や実現《じつげん》を、待《ま》ち望《のぞ》むこと。

❾ **後押《あとお》し**
力《ちから》を貸《か》すこと。

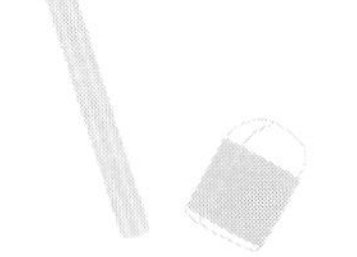

左《ひだり》ページ（19ページ）のこたえ

㋐自画像《じがぞう》　㋑共感《きょうかん》　㋒応用《おうよう》　㋓権利《けんり》　㋔早合点《はやがてん》　㋕寸前《すんぜん》　㋖空腹《くうふく》　㋗故意《こい》　㋘手間《てま》

学力《がくりょく》アップ！

「権利《けんり》」の対義語《たいぎご》は「義務《ぎむ》」、「空腹《くうふく》」の対《たい》義語《ぎご》は「満腹《まんぷく》」。

学《まな》んだ語彙数《ごいすう》 126〜134

学習日《がくしゅうび》　月　日

意味《いみ》のわかる言葉《ことば》に、チェックを入《い》れよう(☑)。 ステップ1

❶ 早合点《はやがてん》 □
❷ 権利《けんり》 □
❸ 応用《おうよう》 □
❹ 共感《きょうかん》 □
❺ 寸前《すんぜん》 □
❻ 故意《こい》 □
❼ 自画像《じがぞう》 □
❽ 手間《てま》 □
❾ 空腹《くうふく》 □

学《まな》んだ語彙数《ごいすう》 135〜143

( )に当《あ》てはまる言葉《ことば》を上《うえ》から選《えら》び、文章《ぶんしょう》を完成《かんせい》させよう。 ステップ2

ア ( )を描《えが》く。
イ うったえに( )する。
ウ これまでの経験《けいけん》を( )して、新料理《しんりょうり》に挑戦《ちょうせん》する。
エ 君《きみ》には、ぼくをじゃまする( )はない。
オ 人《ひと》の話《はなし》を聞《き》かず、( )して失敗《しっぱい》する。
カ 締《し》め切《き》り( )に提出《ていしゅつ》する。
キ ( )で力《ちから》がでない。
ク ( )に体《からだ》をぶつける。
ケ ( )をかけ、野菜《やさい》を育《そだ》てる。

※こたえは右《みぎ》ページ下《した》

それぞれの言葉《ことば》の意味《いみ》を、しっかりおぼえよう。 ステップ3

❶ **早合点《はやがてん》** よく聞《き》いたり調《しら》べたりせず、わかったと思《おも》いこむこと。
❷ **権利《けんり》** あることをする資格《しかく》。
❸ **応用《おうよう》** 原理《げんり》や知識《ちしき》を、実際《じっさい》のことがらに活用《かつよう》すること。
❹ **共感《きょうかん》** 他人《たにん》の意見《いけん》や行動《こうどう》などに、その通《とお》りだと、感《かん》じること。
❺ **寸前《すんぜん》** ほんの少《すこ》し前《まえ》。
❻ **故意《こい》** わざとすること。
❼ **自画像《じがぞう》** 自分《じぶん》で描《えが》いた、自分自身《じぶんじしん》の絵《え》。
❽ **手間《てま》** そのことをするのにかかる時間《じかん》や労力《ろうりょく》。
❾ **空腹《くうふく》** 腹《はら》が減《へ》ること。

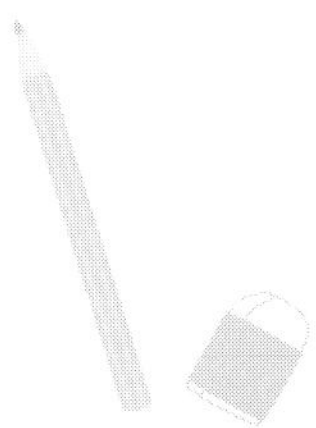

学習日《がくしゅうび》 月 日

右《みぎ》ページ(18ページ)のこたえ
ア水平線《すいへいせん》 イ後押《あとお》し ウ相殺《そうさい》 エ復帰《ふっき》 オ素通《すどお》り カ待望《たいぼう》 キ教訓《きょうくん》 ク着信《ちゃくしん》 ケ差《さ》し障《さわ》り

学力《がくりょく》アップ!
海《うみ》と空《そら》の境界線《きょうかいせん》が「水平線《すいへいせん》」、大地《だいち》と空《そら》の境界線《きょうかいせん》が「地平線《ちへいせん》」。

学《まな》んだ語彙数《ごいすう》 144～152

意味《いみ》のわかる言葉《ことば》に、チェックを入《い》れよう（☑）。 ステップ1

❶ 解答《かいとう》 □
❷ 回答《かいとう》 □
❸ 所要《しょよう》 □
❹ 腹《はら》ごしらえ □
❺ 防災《ぼうさい》 □
❻ 景観《けいかん》 □
❼ 取得《しゅとく》 □
❽ 敬遠《けいえん》 □
❾ 腹痛《ふくつう》 □

（　）に当《あ》てはまる言葉《ことば》を上《うえ》から選《えら》び、文章《ぶんしょう》を完成《かんせい》させよう。 ステップ2

ア ここからの（　　）はすばらしい。
イ 駅《えき》までの（　　）時間《じかん》を調《しら》べる。
ウ （　　）で保健室《ほけんしつ》へ行《い》く。
エ （　　）をして出《で》かける。
オ （　　）訓練《くんれん》をおこなう。
カ 彼《かれ》は気《き》が荒《あら》いので、まわりから（　　）されている。
キ 保育士《ほいくし》の資格《しかく》を（　　）する。
ク 明日《あす》までに、質問《しつもん》への（　　）をください。
ケ （　　）を見《み》て、答《こた》え合《あ》わせをする。

※こたえは左《ひだり》ページ下《した》

それぞれの言葉《ことば》の意味《いみ》を、しっかりおぼえよう。 ステップ3

❶ **解答《かいとう》** 問題《もんだい》を解《と》き、答《こた》えること。また、その答《こた》え。
❷ **回答《かいとう》** 質問《しつもん》に対《たい》する返事《へんじ》。
❸ **所要《しょよう》** そのことをするのに、必《ひつ》要《よう》とすることやもの。
❹ **腹《はら》ごしらえ** 何《なに》かをする前《まえ》に、食事《しょくじ》しておくこと。
❺ **防災《ぼうさい》** 災害《さいがい》をふせぐこと。
❻ **景観《けいかん》** 風景《ふうけい》。景色《けしき》。
❼ **取得《しゅとく》** 権利《けんり》や資格《しかく》や品物《しなもの》などを、自分《じぶん》のものとして得《え》ること。
❽ **敬遠《けいえん》** ①かかわるのを避《さ》けること。②野球《やきゅう》で、強打者《きょうだしゃ》との対《たい》決《けつ》を避《さ》けるため、わざと四球《しきゅう》にすること。
❾ **腹痛《ふくつう》** 腹《はら》が痛《いた》むこと。

学習日《がくしゅうび》　月　日

左《ひだり》ページ（21ページ）のこたえ

ア 放任《ほうにん》　イ 難航《なんこう》　ウ 判決《はんけつ》　エ 清書《せいしょ》　オ 異性《いせい》　カ 登頂《とうちょう》　キ 段取《だんど》り　ク きずな　ケ 視点《してん》

学力《がくりょく》アップ！

男性《だんせい》から見《み》れば女性《じょせい》が「異性《いせい》」、女性《じょせい》から見《み》れば男性《だんせい》が「異性《いせい》」になる。

ステップ1 意味《いみ》のわかる言葉《ことば》に、チェックを入《い》れよう(☑)。

❶ 段取《だんど》り □
❷ 異性《いせい》 □
❸ 難航《なんこう》 □
❹ 判決《はんけつ》 □
❺ 視点《してん》 □
❻ 放任《ほうにん》 □
❼ きずな □
❽ 清書《せいしょ》 □
❾ 登頂《とうちょう》 □

学《まな》んだ語彙数《ごいすう》 153〜161

ステップ2 (　)に当《あ》てはまる言葉《ことば》を上《うえ》から選《えら》び、文章《ぶんしょう》を完成《かんせい》させよう。

ア 彼《かれ》の両親《りょうしん》は(　　　)主義《しゅぎ》だ。
イ 工事《こうじ》が(　　　)している。
ウ 裁判官《さいばんかん》が(　　　)を下《くだ》す。
エ 黒板《こくばん》の文字《もじ》を、ノートに(　　　)する。
オ ぼくには(　　　)の友達《ともだち》があまりいない。
カ エベレスト(　　　)に成功《せいこう》する。
キ イベントの(　　　)をつける。
ク 友達《ともだち》との(　　　)が強《つよ》まる。
ケ (　　　)をいろいろ変《か》えて、考《かんが》えてみる。

※こたえは右《みぎ》ページ下《した》

ステップ3 それぞれの言葉《ことば》の意味《いみ》を、しっかりおぼえよう。

❶ **段取《だんど》り** ①手順《てじゅん》や順序《じゅんじょ》を定《さだ》めること。②準備《じゅんび》。
❷ **異性《いせい》** 性《せい》が異《こと》なること。
❸ **難航《なんこう》** ①航海《こうかい》するのに苦労《くろう》すること。②物事《ものごと》の進行《しんこう》が、順調《じゅんちょう》にいかないこと。
❹ **判決《はんけつ》** 裁判所《さいばんしょ》が、有罪《ゆうざい》か無罪《むざい》かの判断《はんだん》をし、決定《けってい》すること。
❺ **視点《してん》** ものを見《み》たり考《かんが》えたりする立場《たちば》。
❻ **放任《ほうにん》** 自分《じぶん》の意思《いし》にしたがわせようとせず、ほうっておくこと。
❼ **きずな** 人《ひと》と人《ひと》との、離《はな》れにくいつながり。
❽ **清書《せいしょ》** きれいに書《か》き直《なお》すこと。
❾ **登頂《とうちょう》** 山《やま》の頂上《ちょうじょう》にのぼること。

学習日《がくしゅうび》 　月　　日

右《みぎ》ページ(20ページ)のこたえ
ア景観《けいかん》 イ所要《しょよう》 ウ腹痛《ふくつう》 エ腹《はら》ごしらえ オ防災《ぼうさい》 カ敬遠《けいえん》 キ取得《しゅとく》 ク回答《かいとう》 ケ解答《かいとう》

学力《がくりょく》アップ!
腹《はら》の痛《いた》みは「腹痛《ふくつう》」、腰《こし》の痛《いた》みは「腰痛《ようつう》」、頭《あたま》の痛《いた》みは「頭痛《ずつう》」。

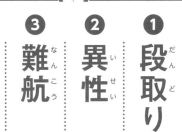

ステップ1 意味《いみ》のわかる言葉《ことば》に、チェックを入《い》れよう（☑）。

❶ 工面《くめん》 □
❷ 見解《けんかい》 □
❸ 持《も》ち味《あじ》 □
❹ 半減《はんげん》 □
❺ 周知《しゅうち》 □
❻ 曲者《くせもの》 □
❼ 正装《せいそう》 □
❽ 半人前《はんにんまえ》 □
❾ 先入観《せんにゅうかん》 □

ステップ2 （　）に当《あ》てはまる言葉《ことば》を上《うえ》から選《えら》び、文章《ぶんしょう》を完成《かんせい》させよう。

ア （　　）して式《しき》に参加《さんか》する。
イ 大臣《だいじん》が（　　）を示《しめ》す。
ウ 進学《しんがく》のための金《かね》を（　　）する。
エ 雨《あめ》が降《ふ》って、楽《たの》しさが（　　）した。
オ 料理《りょうり》の腕《うで》は、まだまだ（　　）だ。
カ （　　）にとらわれる。
キ 彼《かれ》はなかなかの（　　）だ。
ク だれにも負《ま》けない根性《こんじょう》が、この選手《せんしゅ》の（　　）だ。
ケ 彼《かれ》が多大《ただい》な権力《けんりょく》をもっているのは（　　）の事実《じじつ》だ。

※こたえは左《ひだり》ページ下《した》

ステップ3 それぞれの言葉《ことば》の意味《いみ》を、しっかりおぼえよう。

❶ **工面《くめん》** くふうして用意《ようい》すること。
❷ **見解《けんかい》** 物事《ものごと》に対《たい》する考《かんが》え方《かた》。
❸ **持《も》ち味《あじ》** ①その食品《しょくひん》にもとからそなわっている味《あじ》。②その人《ひと》や作品《さくひん》がもつ独特《どくとく》の良《よ》さ。
❹ **半減《はんげん》** 半分《はんぶん》に減《へ》ること。半分《はんぶん》に減《へ》らすこと。
❺ **周知《しゅうち》** 広《ひろ》く知《し》れわたっていること。
❻ **曲者《くせもの》** ひとくせあり、油断《ゆだん》できない人《ひと》やこと。
❼ **正装《せいそう》** 儀式《ぎしき》などに出《で》るための正式《せいしき》な服装《ふくそう》。
❽ **半人前《はんにんまえ》** 未熟《みじゅく》であること。一人前《いちにんまえ》ではないこと。
❾ **先入観《せんにゅうかん》** ある物事《ものごと》について、これはこうであると、前《まえ》もっていだいている感《かん》じ。

学《まな》んだ語彙数《ごいすう》 162〜170

学習日《がくしゅうび》 　月　　日

左《ひだり》ページ（23ページ）のこたえ
アつじつま　イ一段落《いちだんらく》　ウ開祖《かいそ》　エ形相《ぎょうそう》　オ上位《じょうい》　カ名物《めいぶつ》　キ調合《ちょうごう》　ク世論《せろん》　ケ側面《そくめん》

学力《がくりょく》アップ！
「世論」は「よろん」とも読《よ》む。

学《まな》んだ語彙数《ごいすう》 171〜179

ステップ1

意味《いみ》のわかる言葉《ことば》に、チェックを入《い》れよう(☑)。

1 つじつま □
2 一段落《いちだんらく》 □
3 名物《めいぶつ》 □
4 上位《じょうい》 □
5 世論《せろん》 □
6 開祖《かいそ》 □
7 形相《ぎょうそう》 □
8 側面《そくめん》 □
9 調合《ちょうごう》 □

ステップ2

（　）に当《あ》てはまる言葉《ことば》を上《うえ》から選《えら》び、文章《ぶんしょう》を完成《かんせい》させよう。

ア 話《はなし》の（　）が合《あ》わない。
イ 仕事《しごと》が（　）つく。
ウ 空海《くうかい》は真言宗《しんごんしゅう》の（　）だ。
エ 鬼《おに》のような（　）で追《お》いかける。
オ 成績《せいせき》（　）者《しゃ》の名前《なまえ》がはられる。
カ たこ焼《や》きは大阪《おおさか》の（　）だ。
キ スパイスを（　）して、カレーをつくる。
ク （　）の盛《も》り上《あ》がりで、国《くに》の方針《ほうしん》が変《か》わる。
ケ 友《とも》の意外《いがい》な（　）を知《し》る。

※こたえは右《みぎ》ページ下《した》

ステップ3

それぞれの言葉《ことば》の意味《いみ》を、しっかりおぼえよう。

1 **つじつま** 物事《ものごと》の筋道《すじみち》。はじめと終《お》わり。
2 **一段落《いちだんらく》** ひとくぎり。
3 **名物《めいぶつ》** その土地《とち》、社会《しゃかい》などで有名《ゆうめい》なものや人《ひと》。
4 **上位《じょうい》** 上《うえ》のほうの位置《いち》。
5 **世論《せろん》** ある問題《もんだい》についての、世《よ》の中《なか》の人々《ひとびと》の考《かんが》え。
6 **開祖《かいそ》** ①ある宗教《しゅうきょう》を開始《かいし》した人《ひと》。②寺院《じいん》の創立者《そうりつしゃ》。③学問《がくもん》や芸能《げいのう》の世界《せかい》で、一流派《いちりゅうは》を開《ひら》いた人《ひと》。
7 **形相《ぎょうそう》** 顔《かお》つき。
8 **側面《そくめん》** ①横《よこ》の面《めん》。②様々《さまざま》な性質《せいしつ》や特色《とくしょく》のうちのひとつ。ある一面《いちめん》。
9 **調合《ちょうごう》** 薬剤《やくざい》や調味料《ちょうみりょう》などを、取《と》り混《ま》ぜること。

学習日《がくしゅうび》　月　日

右《みぎ》ページ(22ページ)のこたえ

ア正装《せいそう》 イ見解《けんかい》 ウ工面《くめん》 エ半減《はんげん》 オ半人前《はんにんまえ》 カ先入観《せんにゅうかん》 キ曲者《くせもの》 ク持《も》ち味《あじ》 ケ周知《しゅうち》

学力《がくりょく》アップ！

「工面《くめん》」は「お金《かね》をなんとか用意《ようい》すること」という意味《いみ》で使《つか》われることが多《おお》い。

ステップ1

意味《いみ》のわかる言葉《ことば》に、チェックを入《い》れよう(☑)。

❶ 特性《とくせい》 □

❷ 特製《とくせい》 □

❸ 徒労《とろう》 □

❹ 逆境《ぎゃっきょう》 □

❺ 見識《けんしき》 □

❻ 全域《ぜんいき》 □

❼ 助長《じょちょう》 □

❽ 一変《いっぺん》 □

❾ 必着《ひっちゃく》 □

学《まな》んだ語彙数《ごいすう》 180～188

ステップ2

(　)に当《あ》てはまる言葉《ことば》を上《うえ》から選《えら》び、文章《ぶんしょう》を完成《かんせい》させよう。

ア 天気《てんき》が（　　）する。

イ 素材《そざい》の（　　）をいかす。

ウ 祖母《そぼ》（　　）のケーキ。

エ 関東《かんとう》（　　）に大雨警報《おおあめけいほう》が出《で》る。

オ 学年間《がくねんかん》の交流《こうりゅう》を（　　）する学校行事《がっこうぎょうじ》。

カ がんばったが、（　　）に終《お》わった。

キ （　　）に欠《か》けた発言《はつげん》。

ク （　　）でも、あきらめないで！

ケ 来週月曜《らいしゅうげつよう》（　　）で、郵送《ゆうそう》してください。

※こたえは左《ひだり》ページ下《した》

ステップ3

それぞれの言葉《ことば》の意味《いみ》を、しっかりおぼえよう。

❶ **特性《とくせい》** そのものだけがもつ、特別《とくべつ》な性質《せいしつ》。

❷ **特製《とくせい》** しっかり気《き》を配《くば》り、特別《とくべつ》につくること。

❸ **徒労《とろう》** むだに苦《くる》しい思《おも》いやつらい思《おも》いをすること。

❹ **逆境《ぎゃっきょう》** 苦労《くろう》が多《おお》かったり、運《うん》が悪《わる》かったりする状況《じょうきょう》。

❺ **見識《けんしき》** 物事《ものごと》に対《たい》するしっかりとした意見《いけん》や考《かんが》え。

❻ **全域《ぜんいき》** その地域全体《ちいきぜんたい》。

❼ **助長《じょちょう》** 成長《せいちょう》や発展《はってん》を助《たす》けること。

❽ **一変《いっぺん》** がらっと変《か》わること。

❾ **必着《ひっちゃく》** 郵便《ゆうびん》などが、かならず到着《とうちゃく》するようにすること。

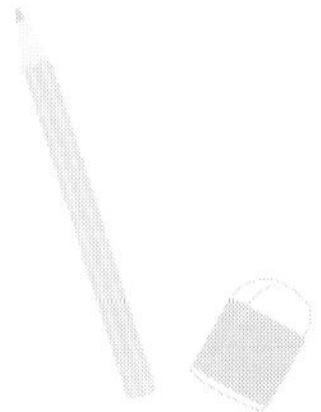

学習日《がくしゅうび》　　月　　日

左《ひだり》ページ(25ページ)のこたえ

ア人当《ひとあ》たり　イ身上《しんじょう》　ウ共生《きょうせい》　エ紀行文《きこうぶん》　オ先決《せんけつ》　カうろおぼえ　キ遠近感《えんきんかん》　ク逆効果《ぎゃくこうか》　ケ手《て》ごたえ

学力《がくりょく》アップ！

「うろおぼえ」を「うるおぼえ」と書《か》かないように注意《ちゅうい》！

学《まな》んだ語彙数《ごいすう》 189〜197

ステップ1

意味《いみ》のわかる言葉《ことば》に、チェックを入《い》れよう(☑)。

❶ 共生《きょうせい》 □
❷ うろおぼえ □
❸ 手《て》ごたえ □
❹ 遠近感《えんきんかん》 □
❺ 先決《せんけつ》 □
❻ 人当《ひとあ》たり □
❼ 身上《しんじょう》 □
❽ 逆効果《ぎゃっこうか》 □
❾ 紀行文《きこうぶん》 □

ステップ2

(　)に当《あ》てはまる言葉《ことば》を上《うえ》から選《えら》び、文章《ぶんしょう》を完成《かんせい》させよう。

ア 彼《かれ》はとても(　　　)がいい。
イ 正直《しょうじき》なのが彼《かれ》の(　　　)だ。
ウ 自然《しぜん》と(　　　)する。
エ 好《す》きな作家《さっか》の(　　　)を読《よ》む。
オ 原因究明《げんいんきゅうめい》よりも、まず人命《じんめい》の救助《きゅうじょ》が(　　　)だ。
カ 駅《えき》までの道順《みちじゅん》が(　　　)だ。
キ めがねが合《あ》わず、(　　　)がよくつかめない。
ク なぐさめようと声《こえ》をかけたが、(　　　)だった。
ケ 今回《こんかい》は負《ま》けたが、次回《じかい》への(　　　)は感《かん》じた。

※こたえは右《みぎ》ページ下《した》

ステップ3

それぞれの言葉《ことば》の意味《いみ》を、しっかりおぼえよう。

❶ **共生《きょうせい》**
ともに生《い》きること。

❷ **うろおぼえ**
はっきりせず、ぼんやりとおぼえていること。

❸ **手《て》ごたえ**
①打《う》ったり突《つ》いたりしたとき、手《て》に返《かえ》ってくる感《かん》じ。
②確《たし》かな反応《はんのう》。

❹ **遠近感《えんきんかん》**
奥行《おくゆ》きや、遠《とお》いところと近《ちか》いところの距離《きょり》を感《かん》じること。

❺ **先決《せんけつ》**
先《さき》に決定《けってい》すること。先《さき》に決着《けっちゃく》をつけること。

❻ **人当《ひとあ》たり**
人《ひと》への対応《たいおう》。

❼ **身上《しんじょう》**
①とりえ。
②その人《ひと》の置《お》かれた状況《じょうきょう》。

❽ **逆効果《ぎゃっこうか》**
予想《よそう》した良《よ》い反応《はんのう》とは逆《ぎゃく》の、悪《わる》い反応《はんのう》。

❾ **紀行文《きこうぶん》**
旅行中《りょこうちゅう》の感想《かんそう》や見聞《けんぶん》などを書《か》いたもの。旅行記《りょこうき》、紀行《きこう》。

学習日《がくしゅうび》　月　日

右《みぎ》ページ(24ページ)のこたえ

ア一変《いっぺん》　イ特性《とくせい》　ウ特製《とくせい》　エ全域《ぜんいき》　オ助長《じょちょう》　カ徒労《とろう》　キ見識《けんしき》　ク逆境《ぎゃっきょう》　ケ必着《ひっちゃく》

学力《がくりょく》アップ！

「助長《じょちょう》」は、「犯罪《はんざい》を助長《じょちょう》する」など、悪《わる》い傾向《けいこう》を強《つよ》める場合《ばあい》にもよく使用《しよう》される。

学《まな》んだ語彙数《ごいすう》 198～206

学習日《がくしゅうび》 月 日

ステップ1

意味《いみ》のわかる言葉《ことば》に、チェックを入《い》れよう（☑）。

❶ 供給《きょうきゅう》 □

❷ 需要《じゅよう》 □

❸ 遺失物《いしつぶつ》 □

❹ 限度《げんど》 □

❺ 千秋楽《せんしゅうらく》 □

❻ 参拝《さんぱい》 □

❼ 先見《せんけん》 □

❽ 経由《けいゆ》 □

❾ 念願《ねんがん》 □

ステップ2

（　）に当《あ》てはまる言葉《ことば》を上《うえ》から選《えら》び、文章《ぶんしょう》を完成《かんせい》させよう。

㋐ 明治神宮《めいじじんぐう》に（　　）する。

㋑ 被災地《ひさいち》に救援物資《きゅうえんぶっし》を（　　）する。

㋒ 相撲《すもう》の九州場所《きゅうしゅうばしょ》が（　　）をむかえる。

㋓ 乗客《じょうきゃく》の（　　）が見《み》つかる。

㋔ 夏《なつ》になると、家庭《かてい》での電力《でんりょく》（　　）が高《たか》まる。

㋕ タイを（　　）してインドに行《い》く。

㋖ がまんにも（　　）がある。

㋗ （　　）がかない、留学《りゅうがく》する。

㋘ 3年前《ねんまえ》からチェックしていたなんて、（　　）の明《めい》があるね。

※こたえは左《ひだり》ページ下《した》

ステップ3

それぞれの言葉《ことば》の意味《いみ》を、しっかりおぼえよう。

❶ **供給《きょうきゅう》**
要求《ようきゅう》や必要《ひつよう》に応《おう》じて、ものを与《あた》えること。

❷ **需要《じゅよう》**
①もとめること。必要《ひつよう》とすること。
②あるものを、購入《こうにゅう》しようという欲求《よっきゅう》。

❸ **遺失物《いしつぶつ》**
忘《わす》れたり、落《お》としたりしたもの。

❹ **限度《げんど》**
それ以上《いじょう》こえることのできない限界《げんかい》。

❺ **千秋楽《せんしゅうらく》**
演劇《えんげき》や相撲《すもう》などの最終日《さいしゅうび》。

❻ **参拝《さんぱい》**
神社《じんじゃ》や寺《てら》にお参《まい》りすること。

❼ **先見《せんけん》**
起《お》こる前《まえ》のことを前《まえ》もって見《み》ぬいたり、察知《さっち》したりすること。

❽ **経由《けいゆ》**
あるところへ行《い》く途中《とちゅう》に、ある地点《ちてん》を通《とお》ること。

❾ **念願《ねんがん》**
願《ねが》い。望《のぞ》み。

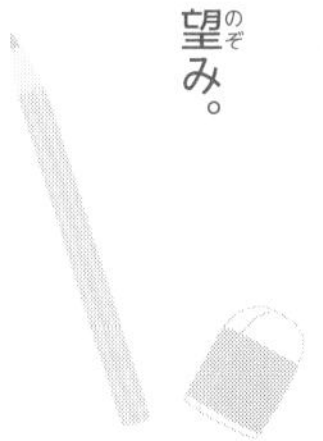

左《ひだり》ページ（27ページ）のこたえ

㋐原動力《げんどうりょく》 ㋑賛否《さんぴ》 ㋒偏見《へんけん》 ㋓豊作《ほうさく》 ㋔表明《ひょうめい》 ㋕見当違《けんとうちが》い ㋖度胸《どきょう》 ㋗前例《ぜんれい》 ㋘旧式《きゅうしき》

学力《がくりょく》アップ！

「旧式《きゅうしき》」の対義語《たいぎご》は「新式《しんしき》」。「豊作《ほうさく》」の対《たい》義語《ぎご》は「凶作《きょうさく》」「不作《ふさく》」。

学《まな》んだ語彙数《ごいすう》 207～215

ステップ1

意味《いみ》のわかる言葉《ことば》に、チェックを入《い》れよう（☑）。

❶賛否《さんぴ》 □
❷旧式《きゅうしき》 □
❸見当違《けんとうちが》い □
❹前例《ぜんれい》 □
❺表明《ひょうめい》 □
❻偏見《へんけん》 □
❼豊作《ほうさく》 □
❽原動力《げんどうりょく》 □
❾度胸《どきょう》 □

ステップ2

（　）に当《あ》てはまる言葉《ことば》を上《うえ》から選《えら》び、文章《ぶんしょう》を完成《かんせい》させよう。

ア 彼《かれ》の活躍《かつやく》は、優勝《ゆうしょう》の（　　　）となった。
イ（　　　）を問《と》うため、会議《かいぎ》を開《ひら》く。
ウ（　　　）を捨《す》てて、接《せっ》しよう。
エ（　　　）を祝《いわ》う祭《まつ》り。
オ 監督《かんとく》が辞任《じにん》を（　　　）する。
カ ぼくに文句《もんく》を言《い》うなんて、（　　　）だ。
キ あんな高《たか》い木《き》にのぼるなんて、（　　　）があるね。
ク（　　　）のない事件《じけん》。
ケ（　　　）のパソコン。

※こたえは右《みぎ》ページ下《した》

ステップ3

それぞれの言葉《ことば》の意味《いみ》を、しっかりおぼえよう。

❶**賛否《さんぴ》** 賛成《さんせい》と不賛成《ふさんせい》。

❷**旧式《きゅうしき》** ①型《かた》が古《ふる》いこと。②古《ふる》い考《かんが》え方《かた》。

❸**見当違《けんとうちが》い** ①判断《はんだん》や予想《よそう》を間違《まちが》うこと。②方向《ほうこう》をあやまること。

❹**前例《ぜんれい》** 以前《いぜん》にあったことがら。

❺**表明《ひょうめい》** 考《かんが》えや態度《たいど》を明《あき》らかにすること。

❻**偏見《へんけん》** 相手《あいて》や物事《ものごと》にいだく、何《なん》の根拠《こんきょ》もない、かたよった悪《わる》い見方《みかた》や考《かんが》え方《かた》。

❼**豊作《ほうさく》** 作物《さくもつ》がよく実《みの》り、収穫《しゅうかく》が多《おお》いこと。

❽**原動力《げんどうりょく》** ①機械《きかい》を動《うご》かす力《ちから》。水力《すいりょく》、電力《でんりょく》、風力《ふうりょく》など。②運動《うんどう》や活動《かつどう》のもととなる力《ちから》。

❾**度胸《どきょう》** 物事《ものごと》を恐《おそ》れない気力《きりょく》・心《こころ》。

学習日《がくしゅうび》　　月　　日

右《みぎ》ページ（26ページ）のこたえ

ア参拝《さんぱい》 イ供給《きょうきゅう》 ウ千秋楽《せんしゅうらく》 エ遺失物《いしつぶつ》 オ需要《じゅよう》 カ経由《けいゆ》 キ限度《げんど》 ク念願《ねんがん》 ケ先見《せんけん》

学力《がくりょく》アップ！

「先見《せんけん》の明《めい》」は、「先《さき》のことを見《み》ぬく優《すぐ》れた見識《けんしき》」という意味《いみ》。

ステップ1 意味《いみ》のわかる言葉《ことば》に、チェックを入《い》れよう（☑）。

❶ 公害《こうがい》 □
❷ 口外《こうがい》 □
❸ 郊外《こうがい》 □
❹ 前提《ぜんてい》 □
❺ 号泣《ごうきゅう》 □
❻ 先人《せんじん》 □
❼ 近年《きんねん》 □
❽ 年配《ねんぱい》 □
❾ 一貫性《いっかんせい》 □

ステップ2 （　）に当《あ》てはまる言葉《ことば》を上《うえ》から選《えら》び、文章《ぶんしょう》を完成《かんせい》させよう。

ア 父《ちち》と同《おな》じような（　　　）の人《ひと》。
イ 国《くに》が（　　　）対策《たいさく》に乗《の》り出《だ》す。
ウ 東京《とうきょう》（　　　）に暮《く》らす。
エ 君《きみ》の行動《こうどう》には（　　　）がない。
オ 金曜日《きんようび》に出発《しゅっぱつ》することを（　　　）で、計画《けいかく》を立《た》てる。
カ この町《まち》の交通事故数《こうつうじこすう》は、（　　　）、減少傾向《げんしょうけいこう》にある。
キ 試合《しあい》に負《ま》けて（　　　）する。
ク （　　　）の知恵《ちえ》にたよる。
ケ このことは、絶対《ぜったい》（　　　）してはいけない。

※こたえは左《ひだり》ページ下《した》

ステップ3 それぞれの言葉《ことば》の意味《いみ》を、しっかりおぼえよう。

❶ **公害《こうがい》**
企業活動《きぎょうかつどう》など、人《ひと》の手《て》が加《くわ》わったことによって起《お》こる自然《しぜん》や生活環境《せいかつかんきょう》の破壊《はかい》。

❷ **口外《こうがい》**
ほかの人《ひと》に言《い》うこと。

❸ **郊外《こうがい》**
まちはずれ。市街地《しがいち》に接《せっ》した田園地帯《でんえんちたい》。

❹ **前提《ぜんてい》**
本題《ほんだい》に入《はい》る前《まえ》に知《し》っておく条件《じょうけん》。

❺ **号泣《ごうきゅう》**
大声《おおごえ》をあげて泣《な》くこと。

❻ **先人《せんじん》**
①昔《むかし》の人《ひと》。
②先祖《せんぞ》。

❼ **近年《きんねん》**
この数年《すうねん》。

❽ **年配《ねんぱい》**
①年齢《ねんれい》のほど。
②中年《ちゅうねん》。
③年上《としうえ》。

❾ **一貫性《いっかんせい》**
はじめから終《お》わりまで、ひとつの考《かんが》えや行動《こうどう》でつらぬかれていること。

学《まな》んだ語彙数《ごいすう》 216～224

学習日《がくしゅうび》　　月　　日

左《ひだり》ページ（29ページ）のこたえ

ア副作用《ふくさよう》　イ度忘《どわす》れ　ウ早計《そうけい》　エ創刊《そうかん》　オ好奇心《こうきしん》　カ密集《みっしゅう》　キ復調《ふくちょう》　ク異例《いれい》
ケ風評《ふうひょう》

学力《がくりょく》アップ！

「風評《ふうひょう》」は「無責任《むせきにん》なうわさ」という意味合《いみあ》いが強《つよ》く、「風評被害《ふうひょうひがい》」という言葉《ことば》もある。

学《まな》んだ語彙数《ごいすう》 225〜233

ステップ1 意味《いみ》のわかる言葉《ことば》に、チェックを入《い》れよう（☑）。

❶ 風評《ふうひょう》 □
❷ 度忘《どわす》れ □
❸ 異例《いれい》 □
❹ 早計《そうけい》 □
❺ 復調《ふくちょう》 □
❻ 好奇心《こうきしん》 □
❼ 副作用《ふくさよう》 □
❽ 密集《みっしゅう》 □
❾ 創刊《そうかん》 □

ステップ2 （　）に当《あ》てはまる言葉《ことば》を上《うえ》から選《えら》び、文章《ぶんしょう》を完成《かんせい》させよう。

㋐ 薬《くすり》の（　　）でのどがかわく。
㋑ 住所《じゅうしょ》を（　　）する。
㋒ 失敗《しっぱい》したと決《き》めつけるのは（　　）だ。
㋓ 新雑誌《しんざっし》を（　　）する。
㋔ （　　）がおうせいな子《こ》ども。
㋕ 家《いえ》が（　　）した地域《ちいき》。
㋖ しっかり休《やす》んだので、確実《かくじつ》に（　　）している。
㋗ この町《まち》に、こんなに人《ひと》が集《あつ》まるのは（　　）だ。
㋘ （　　）が広《ひろ》まり、めいわくをこうむる。

※こたえは右《みぎ》ページ下《した》

ステップ3 それぞれの言葉《ことば》の意味《いみ》を、しっかりおぼえよう。

❶ **風評《ふうひょう》** 世間《せけん》に広《ひろ》まっているうわさ。
❷ **度忘《どわす》れ** よく知《し》っているのに、ふと忘《わす》れて思《おも》い出《だ》せないこと。
❸ **異例《いれい》** 前例《ぜんれい》のないこと。
❹ **早計《そうけい》** はやまった考《かんが》え。
❺ **復調《ふくちょう》** もとの調子《ちょうし》にもどること。
❻ **好奇心《こうきしん》** めずらしいことや、知《し》らないことに、興味《きょうみ》をもつこと。
❼ **副作用《ふくさよう》** 薬《くすり》がもっている、本来《ほんらい》の目的《もくてき》とは異《こと》なる悪《わる》い影響《えいきょう》。
❽ **密集《みっしゅう》** ぎっしり集《あつ》まること。
❾ **創刊《そうかん》** 雑誌《ざっし》や新聞《しんぶん》などの定期刊《ていきかん》行物《こうぶつ》（一定《いってい》の期間《きかん》で順次《じゅんじ》刊行《かんこう》される出版物《しゅっぱんぶつ》）を、新《あたら》しく発行《はっこう》すること。

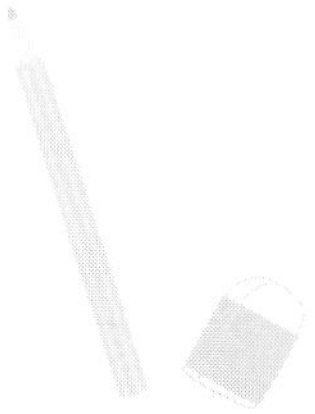

学習日《がくしゅうび》　月　日

右《みぎ》ページ（28ページ）のこたえ

㋐年配《ねんぱい》 ㋑公害《こうがい》 ㋒郊外《こうがい》 ㋓一貫性《いっかんせい》 ㋔前提《ぜんてい》 ㋕近年《きんねん》 ㋖号泣《ごうきゅう》 ㋗先人《せんじん》 ㋘口外《こうがい》

学力《がくりょく》アップ！

「公害《こうがい》」には、大気汚染《たいきおせん》、騒音《そうおん》、悪臭《あくしゅう》、地盤沈下《じばんちんか》などがある。

ステップ1

意味《いみ》のわかる言葉《ことば》に、チェックを入《い》れよう（☑）。

❶ 博識《はくしき》 □
❷ 公共《こうきょう》 □
❸ 創建《そうけん》 □
❹ 重宝《ちょうほう》 □
❺ 育休《いくきゅう》 □
❻ 向上心《こうじょうしん》 □
❼ 同盟《どうめい》 □
❽ 直視《ちょくし》 □
❾ 史実《しじつ》 □

学《まな》んだ語彙数《ごいすう》 234〜242

ステップ2

（　）に当《あ》てはまる言葉《ことば》を上《うえ》から選《えら》び、文章《ぶんしょう》を完成《かんせい》させよう。

㋐ 鎌倉時代《かまくらじだい》（　　）の寺《てら》。
㋑（　　）の施設《しせつ》を利用《りよう》する。
㋒ アメリカと（　　）を結《むす》ぶ。
㋓ この道具《どうぐ》は使《つか》い道《みち》が多《おお》くて（　　）している。
㋔ この歴史《れきし》ゲームは、（　　）にもとづいている。
㋕ 気《き》の毒《どく》で（　　）できない。
㋖ 図書館《としょかん》通《がよ》いが趣味《しゅみ》の彼《かれ》は、たいへん（　　）だ。
㋗（　　）をとって、しばらく会社《かいしゃ》を休《やす》む。
㋘（　　）をもって、物事《ものごと》に取《と》り組《く》もう。

※こたえは左《ひだり》ページ下《した》

ステップ3

それぞれの言葉《ことば》の意味《いみ》を、しっかりおぼえよう。

学習日《がくしゅうび》　　月　　日

❶ **博識《はくしき》** 広《ひろ》く、いろいろなことの知識《ちしき》があること。また、そのような人《ひと》。
❷ **公共《こうきょう》** 社会一般《しゃかいいっぱん》や国民全体《こくみんぜんたい》に関係《かんけい》があること。
❸ **創建《そうけん》** はじめて建《た》てること。
❹ **重宝《ちょうほう》** ①便利《べんり》で役《やく》に立《た》つこと。②貴重《きちょう》な宝物《たからもの》。
❺ **育休《いくきゅう》** 働《はたら》いている人《ひと》が、育児《いくじ》のために休《やす》みをとること。
❻ **向上心《こうじょうしん》** 今《いま》よりも、よくなろうという気持《きも》ち。
❼ **同盟《どうめい》** 個人《こじん》・団体《だんたい》・国《くに》などが、共通《きょうつう》の目的《もくてき》のために、同《おな》じ行動《こうどう》をすることを約束《やくそく》すること。
❽ **直視《ちょくし》** 目《め》をそらさないで、まっすぐに見《み》ること。
❾ **史実《しじつ》** 歴史上《れきしじょう》の事実《じじつ》。

左《ひだり》ページ（31ページ）のこたえ

㋐家路《いえじ》　㋑人見知《ひとみし》り　㋒違和感《いわかん》　㋓けじめ　㋔草創《そうそう》　㋕考察《こうさつ》　㋖内心《ないしん》　㋗厳守《げんしゅ》　㋘物価《ぶっか》

学力《がくりょく》アップ！

「草創期《そうそうき》」は、「そのことがはじまった最初《さいしょ》の期間《きかん》」という意味《いみ》。

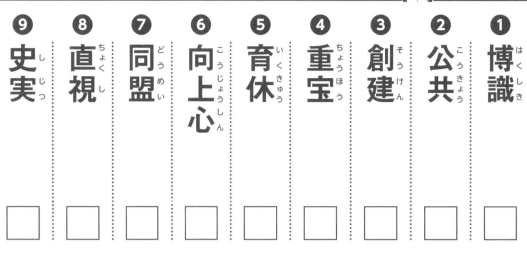

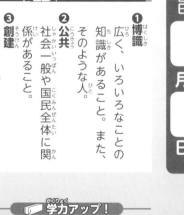

ステップ1 意味《いみ》のわかる言葉《ことば》に、チェックを入《い》れよう（☑）。

❶ けじめ □

❷ 人見知《ひとみし》り □

❸ 違和感《いわかん》 □

❹ 厳守《げんしゅ》 □

❺ 考察《こうさつ》 □

❻ 草創《そうそう》 □

❼ 物価《ぶっか》 □

❽ 家路《いえじ》 □

❾ 内心《ないしん》 □

ステップ2 （　）に当《あ》てはまる言葉《ことば》を上《うえ》から選《えら》び、文章《ぶんしょう》を完成《かんせい》させよう。

ア（　　）を急《いそ》ぐ。

イ 少女《しょうじょ》が（　　）して泣《な》き出《だ》す。

ウ 彼《かれ》の話《はなし》に（　　）をもつ。

エ 勉強《べんきょう》と遊《あそ》びの（　　）をつけよう。

オ テレビの（　　）期《き》から活躍《かつやく》している芸能人《げいのうじん》。

カ どうすればうまくいくか、まじめに（　　）する。

キ 顔《かお》には出《だ》さなかったが、（　　）ではよろこんでいた。

ク 集合時間《しゅうごうじかん》は朝《あさ》8時《じ》。時間《じかん》（　　）でお願《ねが》いします。

ケ（　　）の上昇《じょうしょう》。

※こたえは右《みぎ》ページ下《した》

ステップ3 それぞれの言葉《ことば》の意味《いみ》を、しっかりおぼえよう。

❶ **けじめ** 物事《ものごと》の区別《くべつ》。

❷ **人見知《ひとみし》り** 知《し》らない人《ひと》に対《たい》し、はずかしがったり、不安《ふあん》になったりすること。

❸ **違和感《いわかん》** 何《なに》か違《ちが》うな、という感《かん》じ。ぴったりしない感《かん》じ。

❹ **厳守《げんしゅ》** 約束《やくそく》や決《き》まりなどを、厳《きび》しく守《まも》ること。

❺ **考察《こうさつ》** よく考《かんが》えてみること。

❻ **草創《そうそう》** ①その物事《ものごと》のはじまり。また、新《あたら》しくはじめること。②寺《てら》や神社《じんじゃ》などをはじめて建《た》てること。

❼ **物価《ぶっか》** ものの値段《ねだん》。

❽ **家路《いえじ》** 自分《じぶん》の家《いえ》へ帰《かえ》る道《みち》。

❾ **内心《ないしん》** 心《こころ》の中《なか》。表《おもて》には出《だ》していない気持《きも》ち。

学《まな》んだ語彙数《ごいすう》 243〜251

学習日《がくしゅうび》 　月　日

右《みぎ》ページ（30ページ）のこたえ

ア創建《そうけん》 イ公共《こうきょう》 ウ同盟《どうめい》 エ重宝《ちょうほう》 オ史実《しじつ》 カ直視《ちょくし》 キ博識《はくしき》 ク育休《いくきゅう》 ケ向上心《こうじょうしん》

学力《がくりょく》アップ！

「育休《いくきゅう》」は、「育児休業《いくじきゅうぎょう》」「育児休暇《いくじきゅうか》」の略《りゃく》。

学《まな》んだ語彙数《ごいすう》 252～260

ステップ1 意味《いみ》のわかる言葉《ことば》に、チェックを入《い》れよう（☑）。

❶ 国有《こくゆう》 □
❷ 発散《はっさん》 □
❸ 視察《しさつ》 □
❹ 尊重《そんちょう》 □
❺ 不燃《ふねん》 □
❻ 当事者《とうじしゃ》 □
❼ 言《い》いぐさ □
❽ 心残《こころのこ》り □
❾ 根本《こんぽん》 □

ステップ2 （　）に当《あ》てはまる言葉《ことば》を上《うえ》から選《えら》び、文章《ぶんしょう》を完成《かんせい》させよう。

ア 彼女《かのじょ》の意見《いけん》を（　　　　）する。
イ ガラスは（　　　　）ごみです。
ウ ここは（　　　　）の土地《とち》です。
エ 政治家《せいじか》が、海外《かいがい》（　　　　）に出《で》かける。
オ 先生《せんせい》に対《たい》する彼《かれ》の（　　　　）は、あまりに失礼《しつれい》だ。
カ 日頃《ひごろ》のストレスを（　　　　）する。
キ 彼《かれ》に会《あ》えなかったことだけが、（　　　　）です。
ク （　　　　）からやり直《なお》す。
ケ （　　　　）になってみて、ようやく彼《かれ》らの苦労《くろう》がわかった。

※こたえは左《ひだり》ページ下《した》

ステップ3 それぞれの言葉《ことば》の意味《いみ》を、しっかりおぼえよう。

❶ **国有《こくゆう》**
国《くに》が所有《しょゆう》していること。

❷ **発散《はっさん》**
内部《ないぶ》にあったものを、外部《がいぶ》へ出《だ》して散《ち》らすこと。

❸ **視察《しさつ》**
現地《げんち》へ行《い》って、その実際《じっさい》のようすをしっかり見《み》ること。

❹ **尊重《そんちょう》**
価値《かち》をみとめて、大切《たいせつ》にあつかうこと。

❺ **不燃《ふねん》**
燃《も》えないこと。燃《も》えにくいこと。

❻ **当事者《とうじしゃ》**
そのことに、直接《ちょくせつ》かかわった人《ひと》。

❼ **言《い》いぐさ**
①言《い》った言葉《ことば》。また、その言《い》い方《かた》。
②言《い》いわけ。

❽ **心残《こころのこ》り**
いつまでも心《こころ》に残《のこ》り、残念《ざんねん》に思《おも》ったり、心配《しんぱい》に思《おも》ったりすること。

❾ **根本《こんぽん》**
物事《ものごと》のもとになっている基礎《きそ》の部分《ぶぶん》。

学習日《がくしゅうび》
月
日

左《ひだり》ページ（33ページ）のこたえ

ア北上《ほくじょう》 イ禁物《きんもつ》 ウ衣食住《いしょくじゅう》 エ理想《りそう》 オ構想《こうそう》 カ認識《にんしき》 キ引退《いんたい》 ク分断《ぶんだん》 ケ高層《こうそう》

学力《がくりょく》アップ！

「引退《いんたい》」は、スポーツ選手《せんしゅ》が現役《げんえき》をやめるときによく聞《き》く言葉《ことば》だ。

学《まな》んだ語彙数《ごいすう》 261～269

ステップ1

意味《いみ》のわかる言葉《ことば》に、チェックを入《い》れよう（☑）。

① 禁物《きんもつ》 □
② 引退《いんたい》 □
③ 構想《こうそう》 □
④ 高層《こうそう》 □
⑤ 分断《ぶんだん》 □
⑥ 認識《にんしき》 □
⑦ 北上《ほくじょう》 □
⑧ 衣食住《いしょくじゅう》 □
⑨ 理想《りそう》 □

ステップ2

（　）に当《あ》てはまる言葉《ことば》を上《うえ》から選《えら》び、文章《ぶんしょう》を完成《かんせい》させよう。

ア 台風《たいふう》が（　　）する。
イ 油断《ゆだん》は（　　）だ。
ウ （　　）は生活《せいかつ》の基本《きほん》だ。
エ （　　）を追《お》い求《もと》める。
オ 次回作《じかいさく》の（　　）を練《ね》る。
カ 人《ひと》の顔《かお》を（　　）する機械《きかい》。
キ 体力《たいりょく》の限界《げんかい》を感《かん》じ、（　　）を決意《けつい》する。
ク 長《なが》く（　　）されていた国《くに》が、統一《とういつ》する。
ケ （　　）ビルが建《た》ったため、日差《ひざ》しが入《はい》らない。

※こたえは右《みぎ》ページ下《した》

ステップ3

それぞれの言葉《ことば》の意味《いみ》を、しっかりおぼえよう。

① **禁物《きんもつ》** してはだめな物事《ものごと》。
② **引退《いんたい》** 役職《やくしょく》、地位《ちい》などから身《み》をひくこと。
③ **構想《こうそう》** これからおこなう物事《ものごと》のだいたいの内容《ないよう》や方法《ほうほう》を、考《かんが》えること。また、その考《かんが》え。
④ **高層《こうそう》** ①空《そら》の高《たか》いところ。②建物《たてもの》で、階数《かいすう》が多《おお》いこと。
⑤ **分断《ぶんだん》** ひとつであったものを、切《き》り離《はな》すこと。
⑥ **認識《にんしき》** ある物事《ものごと》をはっきりと理《り》解《かい》し、しっかり判断《はんだん》すること。
⑦ **北上《ほくじょう》** 北《きた》へ向《む》かって進《すす》むこと。
⑧ **衣食住《いしょくじゅう》** 衣類《いるい》と食物《しょくもつ》と住居《じゅうきょ》。
⑨ **理想《りそう》** こうなれば最高《さいこう》だなと、心《こころ》に描《えが》き、求《もと》めるもの。

学習日《がくしゅうび》　月　日

右《みぎ》ページ（32ページ）のこたえ

ア尊重《そんちょう》 イ不燃《ふねん》 ウ国有《こくゆう》 エ視察《しさつ》 オ言《い》いぐさ カ発散《はっさん》 キ心残《こころのこ》り ク根本《こんぽん》 ケ当事者《とうじしゃ》

学力《がくりょく》アップ！

国《くに》が所有《しょゆう》している場合《ばあい》は「国有《こくゆう》」、個人《こじん》が所有《しょゆう》している場合《ばあい》は「私有《しゆう》」。

ステップ1

意味《いみ》のわかる言葉《ことば》に、チェックを入《い》れよう(☑)。

❶ 腕利《うでき》き □
❷ 秘蔵《ひぞう》 □
❸ 好転《こうてん》 □
❹ 大往生《だいおうじょう》 □
❺ 分配《ぶんぱい》 □
❻ 反発《はんぱつ》 □
❼ 欠航《けっこう》 □
❽ 定評《ていひょう》 □
❾ こめかみ □

ステップ2

(　)に当《あ》てはまる言葉《ことば》を上《うえ》から選《えら》び、文章《ぶんしょう》を完成《かんせい》させよう。

ア (　　)のコレクション。
イ 祖父《そふ》は105歳《さい》の(　　)をとげた。
ウ 監督《かんとく》のやり方《かた》に(　　)する。
エ (　　)がきりきり痛《いた》む。
オ あきらめないで続《つづ》けていると、事態《じたい》が(　　)しだした。
カ 彼《かれ》は(　　)の料理人《りょうりにん》だ。
キ 雨《あめ》で船《ふね》は(　　)となった。
ク 利益《りえき》を平等《びょうどう》に(　　)する。
ケ 彼女《かのじょ》はダンスのうまさに、(　　)がある。

※こたえは左《ひだり》ページ下《した》

ステップ3

それぞれの言葉《ことば》の意味《いみ》を、しっかりおぼえよう。

❶ **腕利《うでき》き** 技術的《ぎじゅつてき》な能力《のうりょく》に優《すぐ》れていること。また、その人《ひと》。

❷ **秘蔵《ひぞう》** 人《ひと》の目《め》にあまりふれさせず、大切《たいせつ》にしまっておくこと。

❸ **好転《こうてん》** 状況《じょうきょう》が、よい方向《ほうこう》に転《てん》じること。

❹ **大往生《だいおうじょう》** やすらかに死《し》ぬこと。

❺ **分配《ぶんぱい》** 分《わ》けて配《くば》ること。

❻ **反発《はんぱつ》** ①相手《あいて》の言葉《ことば》や行動《こうどう》を強《つよ》く否定《ひてい》したり、相手《あいて》にはむかったりすること。②はねかえること。

❼ **欠航《けっこう》** 天候《てんこう》が荒《あ》れているなどの理由《りゆう》で、船《ふね》や飛行機《ひこうき》が出《で》ないこと。

❽ **定評《ていひょう》** 広《ひろ》く世間《せけん》にみとめられている評価《ひょうか》や評判《ひょうばん》。

❾ **こめかみ** 目《め》のわきと耳《みみ》の上《うえ》のあいだにある部分《ぶぶん》。

学習日《がくしゅうび》　月　日

左《ひだり》ページ(35ページ)のこたえ

ア大別《たいべつ》 イ運賃《うんちん》 ウ未完《みかん》 エ愛着《あいちゃく》 オ弁解《べんかい》 カ供養《くよう》 キ大団円《だいだんえん》 ク根底《こんてい》 ケ立《た》ち振《ふ》るまい

学力《がくりょく》アップ！

「大団円《だいだんえん》」と似《に》た意味《いみ》の言葉《ことば》に、「ハッピーエンド」がある。

学《まな》んだ語彙数《ごいすう》 279～287

意味《いみ》のわかる言葉《ことば》に、チェックを入《い》れよう（☑）。 ステップ1

① 供養《くよう》 □
② 運賃《うんちん》 □
③ 弁解《べんかい》 □
④ 愛着《あいちゃく》 □
⑤ 根底《こんてい》 □
⑥ 未完《みかん》 □
⑦ 大別《たいべつ》 □
⑧ 大団円《だいだんえん》 □
⑨ 立《た》ち振《ふ》るまい □

（　）に当《あ》てはまる言葉《ことば》を上《うえ》から選《えら》び、文章《ぶんしょう》を完成《かんせい》させよう。 ステップ2

ア いるものといらないものに（　　）する。
イ バスの（　　）が上《あ》がる。
ウ 作者《さくしゃ》が急死《きゅうし》したため、その作品《さくひん》は（　　）に終《お》わった。
エ 長《なが》く使《つか》っていると、（　　）がわいてくるね。
オ 責任《せきにん》を回避《かいひ》するため、いろいろと（　　）する。
カ 先祖《せんぞ》の（　　）を欠《か》かさない。
キ （　　）をむかえた。
ク （　　）をくつがえす発言《はつげん》。
ケ 祖母《そぼ》の（　　）は、たいへん美《うつく》しい。

※こたえは右《みぎ》ページ下《した》

それぞれの言葉《ことば》の意味《いみ》を、しっかりおぼえよう。 ステップ3

① **供養《くよう》** 死者《ししゃ》の冥福《めいふく》（死後《しご》の幸福《こうふく》）を祈《いの》り、ものを供《そな》えたり、経《きょう》を読《よ》んだりすること。

② **運賃《うんちん》** 客《きゃく》や荷物《にもつ》を運《はこ》ぶ料金《りょうきん》。

③ **弁解《べんかい》** 言《い》いわけをすること。

④ **愛着《あいちゃく》** 深《ふか》く心《こころ》を引《ひ》かれ、離《はな》れられなく思《おも》うこと。

⑤ **根底《こんてい》** 物事《ものごと》のもととなっていることがら。

⑥ **未完《みかん》** まだ、でき上《あ》がっていないこと。未完成《みかんせい》。

⑦ **大別《たいべつ》** 大《おお》きく分《わ》けること。

⑧ **大団円《だいだんえん》** 映画《えいが》や小説《しょうせつ》などで、すべてがめでたく終《お》わる最後《さいご》の場面《ばめん》。

⑨ **立《た》ち振《ふ》るまい** 立《た》ったり座《すわ》ったりといった、体《からだ》の動《うご》かし方《かた》。

学習日《がくしゅうび》 　月　　日

右《みぎ》ページ（34ページ）のこたえ

ア秘蔵《ひぞう》 イ大往生《だいおうじょう》 ウ反発《はんぱつ》 エこめかみ オ好転《こうてん》 カ腕利《うでき》き キ欠航《けっこう》 ク分配《ぶんぱい》 ケ定評《ていひょう》

学力《がくりょく》アップ！

「こめかみ」は、米《こめ》をかむ時《とき》にこの部分《ぶぶん》が動《うご》くことから、その名《な》がついたという。

ステップ1 意味《いみ》のわかる言葉《ことば》に、チェックを入《い》れよう（☑）。

❶ 講評《こうひょう》 □
❷ 公表《こうひょう》 □
❸ 好評《こうひょう》 □
❹ 産地《さんち》 □
❺ 気配《けはい》 □
❻ 目星《めぼし》 □
❼ 真相《しんそう》 □
❽ 光熱費《こうねつひ》 □
❾ 八《や》つ当《あ》たり □

学《まな》んだ語彙数《ごいすう》 288〜296

ステップ2 （　）に当《あ》てはまる言葉《ことば》を上《うえ》から選《えら》び、文章《ぶんしょう》を完成《かんせい》させよう。

㋐ いらいらして、弟《おとうと》に（　　　　）してしまった。
㋑ このじゃがいもの（　　　　）は、北海道《ほっかいどう》です。
㋒ 今月《こんげつ》は電気《でんき》を使《つか》い過《す》ぎたので、（　　　　）がかなりかかった。
㋓ 事件《じけん》の（　　　　）が、ついに明《あき》らかになる。
㋔ 自作《じさく》に対《たい》する（　　　　）を読《よ》み、少《すこ》し落《お》ちこむ。
㋕ 春《はる》の（　　　　）を感《かん》じる。
㋖ 新作料理《しんさくりょうり》は（　　　　）のようだ。
㋗ 内容《ないよう》が（　　　　）される。
㋘ 犯人《はんにん》の（　　　　）をつける。

※こたえは左《ひだり》ページ下《した》

ステップ3 それぞれの言葉《ことば》の意味《いみ》を、しっかりおぼえよう。

❶ **講評《こうひょう》** 教《おし》える立場《たちば》の人《ひと》が、説明《せつめい》を加《くわ》えながら、その作品《さくひん》への評価《ひょうか》を述《の》べること。
❷ **公表《こうひょう》** 世間《せけん》に発表《はっぴょう》すること。
❸ **好評《こうひょう》** 評判《ひょうばん》がよいこと。
❹ **産地《さんち》** そのものの生産《せいさん》された土《と》地《ち》。生産地《せいさんち》。
❺ **気配《けはい》** はっきりとは見《み》えないが、なんとなく感《かん》じられるようす。
❻ **目星《めぼし》** だいたいの見当《けんとう》。見《み》こみ。
❼ **真相《しんそう》** 物事《ものごと》の本当《ほんとう》の姿《すがた》。
❽ **光熱費《こうねつひ》** 電気代《でんきだい》やガス代《だい》など、照《しょう》明《めい》・調理《ちょうり》・暖房《だんぼう》などにかかる費用《ひよう》。
❾ **八《や》つ当《あ》たり** 腹《はら》を立《た》てて、関係《かんけい》のない人《ひと》にまで、自分《じぶん》の怒《いか》りをぶつけること。

学習日《がくしゅうび》　月　日

左《ひだり》ページ（37ページ）のこたえ

㋐人望《じんぼう》　㋑代案《だいあん》　㋒次点《じてん》　㋓公衆《こうしゅう》　㋔公約《こうやく》　㋕不備《ふび》　㋖他言《たごん》　㋗描写《びょうしゃ》　㋘実在《じつざい》

学力《がくりょく》アップ！

「実在《じつざい》」の対義語《たいぎご》は「架空《かくう》」。

学《まな》んだ語彙数《ごいすう》 297〜305

ステップ1 意味《いみ》のわかる言葉《ことば》に、チェックを入《い》れよう(☑)。

❶代案《だいあん》 □
❷人望《じんぼう》 □
❸描写《びょうしゃ》 □
❹不備《ふび》 □
❺他言《たごん》 □
❻実在《じつざい》 □
❼次点《じてん》 □
❽公衆《こうしゅう》 □
❾公約《こうやく》 □

ステップ2 (　)に当《あ》てはまる言葉《ことば》を上《うえ》から選《えら》び、文章《ぶんしょう》を完成《かんせい》させよう。

ア 彼女《かのじょ》は(　　)が厚《あつ》い。
イ 反対《はんたい》なら(　　)を出《だ》してほしいね。
ウ 選挙結果《せんきょけっか》は(　　)だった。
エ (　　)に向《む》け、演説《えんぜつ》する。
オ 選挙《せんきょ》(　　)に目《め》を通《とお》す。
カ 書類《しょるい》に(　　)があり、書《か》き直《なお》す。
キ この話《はなし》は(　　)するな。
ク この小説《しょうせつ》は、風景《ふうけい》の(　　)がよく書《か》けている。
ケ あの映画《えいが》の主人公《しゅじんこう》は、(　　)した人物《じんぶつ》がモデルだ。

※こたえは右《みぎ》ページ下《した》

ステップ3 それぞれの言葉《ことば》の意味《いみ》を、しっかりおぼえよう。

❶**代案《だいあん》** ある案《あん》に代《か》わって出《だ》される案《あん》。

❷**人望《じんぼう》** 信頼《しんらい》できる人《ひと》として、人々《ひとびと》から尊敬《そんけい》されること。

❸**描写《びょうしゃ》** 文章《ぶんしょう》・絵《え》・音楽《おんがく》などによって、実際《じっさい》のようすや感情《かんじょう》をあらわすこと。

❹**不備《ふび》** 必要《ひつよう》なものが十分《じゅうぶん》そろっていないこと。

❺**他言《たごん》** ほかの人《ひと》に話《はな》すこと。

❻**実在《じつざい》** 実際《じっさい》に存在《そんざい》すること。

❼**次点《じてん》** ①最高点《さいこうてん》の次《つぎ》の点《てん》。また、その点《てん》をとった人《ひと》。②当選《とうせん》した人《ひと》の次《つぎ》の得票《とくひょう》数《すう》。また、その得票数《とくひょうすう》を得《え》た人《ひと》。

❽**公衆《こうしゅう》** 社会一般《しゃかいいっぱん》の人々《ひとびと》。

❾**公約《こうやく》** 公衆《こうしゅう》に約束《やくそく》すること。また、その約束《やくそく》。

学習日《がくしゅうび》　　月　　日

右《みぎ》ページ(36ページ)のこたえ

ア八《や》つ当《あ》たり　イ産地《さんち》　ウ光熱費《こうねつひ》　エ真相《しんそう》　オ講評《こうひょう》　カ気配《けはい》　キ好評《こうひょう》　ク公表《こうひょう》　ケ目星《めぼし》

学力《がくりょく》アップ!

「目星《めぼし》」は、「目星《めぼし》をつける」「目星《めぼし》がつく」の形《かたち》で使《つか》われることの多《おお》い言葉《ことば》。

意味《いみ》のわかる言葉《ことば》に、チェックを入《い》れよう（☑）。 ステップ1

❶ 弱音《よわね》 □

❷ 便乗《びんじょう》 □

❸ 多数決《たすうけつ》 □

❹ 由来《ゆらい》 □

❺ 明晩《みょうばん》 □

❻ 親近感《しんきんかん》 □

❼ 和解《わかい》 □

❽ 功績《こうせき》 □

❾ 閉口《へいこう》 □

（　）に当《あ》てはまる言葉《ことば》を上《うえ》から選《えら》び、文章《ぶんしょう》を完成《かんせい》させよう。 ステップ2

㋐ 地名《ちめい》の（　　　　）を調《しら》べる。

㋑ 心細《こころぼそ》くなって、つい（　　　　）をはく。

㋒ 顔《かお》が似《に》ていて（　　　　）がわく。

㋓ けんかをしていた彼《かれ》と、（　　　　）を果《は》たす。

㋔ クラス全員《ぜんいん》の（　　　　）で決《き》めよう。

㋕ 今年《ことし》の夏《なつ》は、あまりに暑《あつ》くて（　　　　）する。

㋖ 大《おお》きな（　　　　）を残《のこ》す。

㋗（　　　　）、家《いえ》にうかがいます。

㋘ ドラマの人気《にんき》に（　　　　）し、関連商品《かんれんしょうひん》を発売《はつばい》する。

※こたえは左《ひだり》ページ下《した》

それぞれの言葉《ことば》の意味《いみ》を、しっかりおぼえよう。 ステップ3

❶ **弱音《よわね》**
弱気《よわき》な言葉《ことば》。

❷ **便乗《びんじょう》**
①他人《たにん》が乗《の》る車《くるま》などに、自分《じぶん》もついでに乗《の》せてもらうこと。
②都合《つごう》のよい機会《きかい》をうまくとらえて利用《りよう》すること。

❸ **多数決《たすうけつ》**
話《はな》し合《あ》いなどで、賛成《さんせい》する人《ひと》の多《おお》い意見《いけん》によって、何《なに》かを決定《けってい》すること。また、そのような決《き》め方《かた》。

❹ **由来《ゆらい》**
①物事《ものごと》の、もとになるところ。
②物事《ものごと》が今《いま》までたどってきた道筋《みちすじ》。

❺ **明晩《みょうばん》**
明日《あす》の晩《ばん》。

❻ **親近感《しんきんかん》**
親《した》しみやすい感《かん》じ。

❼ **和解《わかい》**
争《あらそ》っていたものが、仲直《なかなお》りすること。

❽ **功績《こうせき》**
立派《りっぱ》な働《はたら》きや成果《せいか》。

❾ **閉口《へいこう》**
困《こま》ってしまうこと。

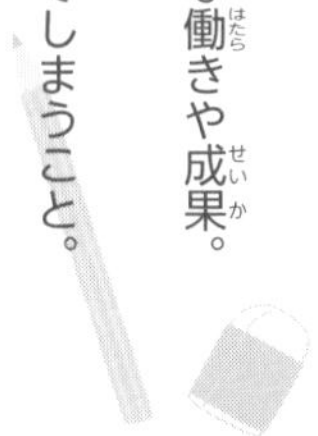

学《まな》んだ語彙数《ごいすう》 306～314

学習日《がくしゅうび》 　月 　日

左《ひだり》ページ（39ページ）のこたえ

㋐物別《ものわか》れ　㋑痛感《つうかん》　㋒歴代《れきだい》　㋓もってのほか　㋔臨時《りんじ》　㋕臨場感《りんじょうかん》　㋖復旧《ふっきゅう》　㋗こじつけ　㋘定説《ていせつ》

学力《がくりょく》アップ！

「定説《ていせつ》」と似《に》た意味《いみ》の言葉《ことば》に「通説《つうせつ》」がある。

学《まな》んだ語彙数《ごいすう》 315〜323

ステップ1
意味《いみ》のわかる言葉《ことば》に、チェックを入《い》れよう（☑）。

❶ 歴代《れきだい》 □
❷ 臨時《りんじ》 □
❸ 臨場感《りんじょうかん》 □
❹ 痛感《つうかん》 □
❺ 定説《ていせつ》 □
❻ 復旧《ふっきゅう》 □
❼ 物別《ものわか》れ □
❽ こじつけ □
❾ もってのほか □

ステップ2
（　）に当《あ》てはまる言葉《ことば》を上《うえ》から選《えら》び、文章《ぶんしょう》を完成《かんせい》させよう。

ア 残念《ざんねん》ながら、話《はな》し合《あ》いが（　　）になる。
イ 仲間《なかま》の大切《たいせつ》さを（　　）する。
ウ （　　）の首相《しゅしょう》の写真《しゃしん》。
エ 人《ひと》をたたくなんて、（　　）だ。
オ （　　）のバスが出《で》る。
カ （　　）あふれる映像《えいぞう》。
キ 修理《しゅうり》が終《お》わり、機械《きかい》が（　　）した。
ク あの人《ひと》の主張《しゅちょう》は、（　　）にしか思《おも》えない。
ケ 今《いま》までの（　　）をくつがえす大発見《だいはっけん》。

※こたえは右《みぎ》ページ下《した》

ステップ3
それぞれの言葉《ことば》の意味《いみ》を、しっかりおぼえよう。

❶ **歴代《れきだい》** 何代《なんだい》も続《つづ》いてきていること。また、それぞれの代《だい》。

❷ **臨時《りんじ》** ①いつも定《さだ》めている時《とき》でなく、その時《とき》だけ特別《とくべつ》におこなうこと。②一時的《いちじてき》な期間《きかん》。

❸ **臨場感《りんじょうかん》** 実際《じっさい》に、その場所《ばしょ》にいるような感《かん》じ。

❹ **痛感《つうかん》** 心《こころ》に強《つよ》く感《かん》じること。

❺ **定説《ていせつ》** 一般《いっぱん》にみとめられ、正《ただ》しいとされている説《せつ》。

❻ **復旧《ふっきゅう》** 壊《こわ》れたり、乱《みだ》れていたりしたものが、もとどおりになること。

❼ **物別《ものわか》れ** 話《はな》し合《あ》いがまとまらないまま別《わか》れること。

❽ **こじつけ** 無理《むり》に理屈《りくつ》をつけること。

❾ **もってのほか** とんでもなく悪《わる》いこと。

学習日《がくしゅうび》　月　日

右《みぎ》ページ（38ページ）のこたえ

ア由来《ゆらい》　イ弱音《よわね》　ウ親近感《しんきんかん》　エ和解《わかい》　オ多数決《たすうけつ》　カ閉口《へいこう》　キ功績《こうせき》　ク明晩《みょうばん》　ケ便乗《びんじょう》

学力《がくりょく》アップ！

明日《あす》の晩《ばん》は「明晩《みょうばん》」、今日《きょう》の晩《ばん》は「今晩《こんばん》」、昨日《きのう》の晩《ばん》は「昨晩《さくばん》」。

学《まな》んだ語彙数《ごいすう》 324～332

学習日《がくしゅうび》 月 日

ステップ1

意味《いみ》のわかる言葉《ことば》に、チェックを入《い》れよう（☑）。

1. 愛想《あいそ》 □
2. 貧富《ひんぷ》 □
3. 誤報《ごほう》 □
4. 断定《だんてい》 □
5. 面識《めんしき》 □
6. 本音《ほんね》 □
7. 図星《ずぼし》 □
8. 支給《しきゅう》 □
9. 至急《しきゅう》 □

ステップ2

（　）に当《あ》てはまる言葉《ことば》を上《うえ》から選《えら》び、文章《ぶんしょう》を完成《かんせい》させよう。

ア 彼《かれ》とは（　　　）がない。
イ 店員《てんいん》の（　　　）が悪《わる》い店《みせ》には、行《い》きたくない。
ウ （　　　）の差《さ》が激《はげ》しい国《くに》。
エ （　　　）、連絡《れんらく》をください。
オ 彼《かれ》はうそをついていたと、（　　　）する。
カ 全員《ぜんいん》にボーナスが（　　　）された。
キ （　　　）をつかれ、とまどう。
ク トラが逃《に》げたというニュースは（　　　）だった。
ケ （　　　）を言《い》い合《あ》うことで、仲良《なかよ》くなれた。

※こたえは左《ひだり》ページ下《した》

ステップ3

それぞれの言葉《ことば》の意味《いみ》を、しっかりおぼえよう。

1. **愛想《あいそ》** ①人《ひと》にいい印象《いんしょう》を与《あた》える応対《おうたい》。②人《ひと》によせる好意《こうい》。
2. **貧富《ひんぷ》** 貧《まず》しさと豊《ゆた》かさ。貧乏人《びんぼうにん》と金持《かねも》ち。
3. **誤報《ごほう》** 間違《まちが》った知《し》らせ。報道《ほうどう》が事実《じじつ》と違《ちが》うこと。
4. **断定《だんてい》** はっきりした判断《はんだん》をくだすこと。また、その判断《はんだん》。
5. **面識《めんしき》** 知《し》り合《あ》っていること。顔《かお》を互《たが》いに知《し》っていること。
6. **本音《ほんね》** いつわりのない、本心《ほんしん》から出《で》る言葉《ことば》。
7. **図星《ずぼし》** 人《ひと》の考《かんが》えていることが、その通《とお》りであること。
8. **支給《しきゅう》** 金《かね》やものをわたすこと。
9. **至急《しきゅう》** 非常《ひじょう》に急《いそ》ぐこと。

左《ひだり》ページ（41ページ）のこたえ

ア紅葉《こうよう》　イ公用《こうよう》　ウ効用《こうよう》　エ母国《ぼこく》　オ名声《めいせい》　カ第三者《だいさんしゃ》　キ力不足《ちからぶそく》　ク役不足《やくぶそく》　ケ放心《ほうしん》

学力《がくりょく》アップ！

「公用《こうよう》」に対《たい》し、個人的《こじんてき》な理由《りゆう》での使用《しよう》や、個人的《こじんてき》な用事《ようじ》のことを、「私用《しよう》」という。

ステップ1

意味《いみ》のわかる言葉《ことば》に、チェックを入《い》れよう(☑)。

❶ 力不足《ちからぶそく》 □
❷ 役不足《やくぶそく》 □
❸ 放心《ほうしん》 □
❹ 名声《めいせい》 □
❺ 母国《ぼこく》 □
❻ 第三者《だいさんしゃ》 □
❼ 公用《こうよう》 □
❽ 効用《こうよう》 □
❾ 紅葉《こうよう》 □

ステップ2

(　)に当《あ》てはまる言葉《ことば》を上《うえ》から選《えら》び、文章《ぶんしょう》を完成《かんせい》させよう。

㋐ (　　　)の美《うつく》しい季節《きせつ》。
㋑ (　　　)で東京《とうきょう》へ行《い》く。
㋒ 薬《くすり》の(　　　)を確認《かくにん》する。
㋓ 彼《かれ》の(　　　)はカナダです。
㋔ 国中《くにじゅう》に(　　　)がとどろく。
㋕ 聞《き》いてみよう。(　　　)の意見《いけん》も、
㋖ ぼくの(　　　)で、みんなの期待《きたい》にこたえられなかった。
㋗ その役職《やくしょく》は彼《かれ》には(　　　)だ。もっと責任《せきにん》ある仕事《しごと》をまかせよう。
㋘ (　　　)したまま、そこにしばらく立《た》っていた。

※こたえは右《みぎ》ページ下《した》

ステップ3

それぞれの言葉《ことば》の意味《いみ》を、しっかりおぼえよう。

❶ **力不足《ちからぶそく》** 与《あた》えられた役目《やくめ》を果《は》たす能力《のうりょく》がないこと。

❷ **役不足《やくぶそく》** その人《ひと》のもっている能力《のうりょく》に比《くら》べて、与《あた》えられた役《やく》割《わり》が軽《かる》いこと。

❸ **放心《ほうしん》** 心《こころ》をうばわれたり、頭《あたま》がはたらかなかったりして、ぼんやりすること。

❹ **名声《めいせい》** よい評判《ひょうばん》。

❺ **母国《ぼこく》** 生《う》まれ育《そだ》った国《くに》。

❻ **第三者《だいさんしゃ》** そのことがらに、直接関《ちょくせつかん》係《けい》していない人《ひと》。

❼ **公用《こうよう》** 国《くに》・都道府県《とどうふけん》・市町村《しちょうそん》や、勤《つと》めている会社《かいしゃ》などの用《よう》事《じ》。

❽ **効用《こうよう》** ①使《つか》いみち。②ききめ。

❾ **紅葉《こうよう》** 秋《あき》になって、木《こ》の葉《は》が赤《あか》くなること。また、その葉《は》。

学《まな》んだ語彙数《ごいすう》 333〜341

学習日《がくしゅうび》　月　日

右《みぎ》ページ(40ページ)のこたえ

㋐面識《めんしき》 ㋑愛想《あいそ》 ㋒貧富《ひんぷ》 ㋓至急《しきゅう》 ㋔断定《だんてい》 ㋕支給《しきゅう》 ㋖図星《ずぼし》 ㋗誤報《ごほう》 ㋘本音《ほんね》

学力《がくりょく》アップ!

「愛想《あいそ》がない」という意味《いみ》の言葉《ことば》に「無愛《ぶあい》想《そう》」がある。

学《まな》んだ語彙数《ごいすう》 342～350

ステップ1 意味《いみ》のわかる言葉《ことば》に、チェックを入《い》れよう（☑）。

❶ 親日《しんにち》 □
❷ 着眼点《ちゃくがんてん》 □
❸ ほおづえ □
❹ 奮起《ふんき》 □
❺ 知人《ちじん》 □
❻ 目移《めうつ》り □
❼ 多目的《たもくてき》 □
❽ 直送《ちょくそう》 □
❾ 横断《おうだん》 □

ステップ2 （　）に当《あ》てはまる言葉《ことば》を上《うえ》から選《えら》び、文章《ぶんしょう》を完成《かんせい》させよう。

ア 台湾《たいわん》には（　　）の人《ひと》が多《おお》い。
イ 道路《どうろ》を（　　）する。
ウ 産地《さんち》（　　）の野菜《やさい》。
エ 君《きみ》の（　　）は、独創的《どくそうてき》ですばらしい。
オ 街《まち》で（　　）に会《あ》った。
カ どれもよくて（　　）する。
キ これではいけないと、（　　）する。
ク この球場《きゅうじょう》は（　　）に使《つか》える。
ケ （　　）をつき、物思《ものおも》いにふける。

※こたえは左《ひだり》ページ下《した》

ステップ3 それぞれの言葉《ことば》の意味《いみ》を、しっかりおぼえよう。

❶ **親日《しんにち》** 外国人《がいこくじん》が、日本《にほん》や日本人《にほんじん》に好意《こうい》をもつこと。
❷ **着眼点《ちゃくがんてん》** 目《め》のつけどころ。
❸ **ほおづえ** ひじをつき、手《て》のひらでほおを支《ささ》えること。
❹ **奮起《ふんき》** 心《こころ》をふるい立《た》たせ、やる気《き》や勇気《ゆうき》を起《お》こすこと。
❺ **知人《ちじん》** 知《し》り合《あ》い。
❻ **目移《めうつ》り** ほかのものを見《み》ることで、いろいろと心《こころ》が動《うご》いてしまうこと。
❼ **多目的《たもくてき》** 多《おお》くの目的《もくてき》をもっていること。
❽ **直送《ちょくそう》** ものを相手《あいて》に直接送《ちょくせつおく》ること。
❾ **横断《おうだん》** ①横切《よこぎ》ること。②横方向《よこほうこう》に断《た》ち切《き》ること。③大陸《たいりく》や海《うみ》を、東西《とうざい》の方《ほう》向《こう》に通《とお》りぬけること。

学習日《がくしゅうび》 　月　　日

左《ひだり》ページ（43ページ）のこたえ
ア生前《せいぜん》 イ辞退《じたい》 ウ処方《しょほう》 エ再建《さいけん》 オ迷信《めいしん》 カ節約《せつやく》 キ早《はや》とちり ク手違《てちが》い ケ反論《はんろん》

学力《がくりょく》アップ！

「節約《せつやく》」の対義語《たいぎご》は「浪費《ろうひ》」。

学《まな》んだ語彙数《ごいすう》 351〜359

ステップ1

意味《いみ》のわかる言葉《ことば》に、チェックを入《い》れよう（☑）。

❶ 辞退《じたい》 □
❷ 反論《はんろん》 □
❸ 処方《しょほう》 □
❹ 再建《さいけん》 □
❺ 迷信《めいしん》 □
❻ 節約《せつやく》 □
❼ 早《はや》とちり □
❽ 手違《てちが》い □
❾ 生前《せいぜん》 □

ステップ2

（　）に当《あ》てはまる言葉《ことば》を上《うえ》から選《えら》び、文章《ぶんしょう》を完成《かんせい》させよう。

ア 祖父《そふ》の（　　）をしのぶ。
イ 受賞《じゅしょう》を（　　）する。
ウ 患者《かんじゃ》に薬《くすり》を（　　）する。
エ チームの（　　）をたくされる。
オ そんな（　　）を信《しん》じても、いいことなんてないよ。
カ 食費《しょくひ》を（　　）する。
キ （　　）して、お祝《いわ》いのケーキを注文《ちゅうもん》してしまった。
ク （　　）があったようで、商品《しょうひん》がとどかなかった。
ケ 納得《なっとく》がいかなかったので、彼《かれ》に強《つよ》く（　　）した。

※こたえは右《みぎ》ページ下《した》

ステップ3

それぞれの言葉《ことば》の意味《いみ》を、しっかりおぼえよう。

❶ **辞退《じたい》** 遠慮《えんりょ》して断《ことわ》ること。
❷ **反論《はんろん》** 相手《あいて》の意見《いけん》に、反対《はんたい》の意見《いけん》を述《の》べること。
❸ **処方《しょほう》** ①処理《しょり》する方法《ほうほう》。②薬《くすり》を調合《ちょうごう》すること。
❹ **再建《さいけん》** ①建物《たてもの》を建《た》て直《なお》すこと。②うまくいかなくなった組織《そしき》を、立《た》て直《なお》すこと。
❺ **迷信《めいしん》** 理屈《りくつ》に合《あ》わない、間違《まちが》った言《い》い伝《つた》え。
❻ **節約《せつやく》** むだづかいをやめ、使《つか》う量《りょう》を減《へ》らすこと。
❼ **早《はや》とちり** よく聞《き》いたり、確《たし》かめたりしないで、勝手《かって》に思《おも》いこむこと。
❽ **手違《てちが》い** 手順《てじゅん》や手配《てはい》を、間違《まちが》えてしまうこと。
❾ **生前《せいぜん》** 生《い》きていた時《とき》。死《し》ぬ前《まえ》。

学習日《がくしゅうび》 　月 　日

右《みぎ》ページ（42ページ）のこたえ

ア 親日《しんにち》 イ 横断《おうだん》 ウ 直送《ちょくそう》 エ 着眼点《ちゃくがんてん》 オ 知人《ちじん》 カ 目移《めうつ》り キ 奮起《ふんき》 ク 多目的《たもくてき》 ケ ほおづえ

学力《がくりょく》アップ！

「ほおづえをつく」の「つく」は、漢字《かんじ》では「突《つ》く」と書《か》く。

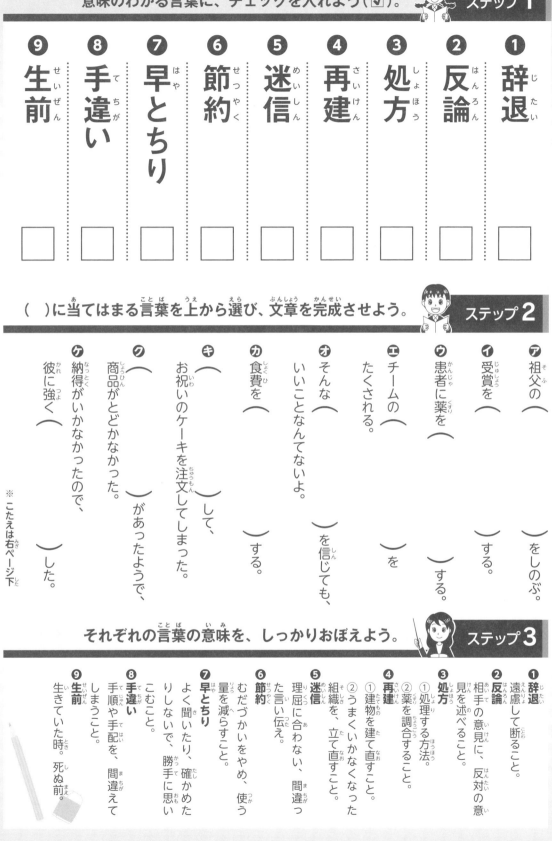

ステップ1

意味《いみ》のわかる言葉《ことば》に、チェックを入《い》れよう（☑）。

1. 未成年《みせいねん》 □
2. 分担《ぶんたん》 □
3. 最高潮《さいこうちょう》 □
4. 張本人《ちょうほんにん》 □
5. むだ口《ぐち》 □
6. ひょうしぬけ □
7. 誤解《ごかい》 □
8. 長所《ちょうしょ》 □
9. 模造品《もぞうひん》 □

学《まな》んだ語彙数《ごいすう》 360～368

ステップ2

（　）に当《あ》てはまる言葉《ことば》を上《うえ》から選《えら》び、文章《ぶんしょう》を完成《かんせい》させよう。

ア 彼《かれ》の（　　　）は優《やさ》しさです。

イ 仕事《しごと》を（　　　）する。

ウ 興奮《こうふん》が（　　　）に達《たっ》する。

エ よくできた（　　　）。

オ 彼《かれ》がうわさを広《ひろ》めた（　　　）だ。

カ ぼくが君《きみ》の悪口《わるくち》を言《い》っていたなんて（　　　）だよ。

キ あまりにあっけなくて（　　　）した。

ク （　　　）をたたいてないで、そうじを手伝《てつだ》ってよ。

ケ （　　　）なので、契約《けいやく》には親《おや》の同意《どうい》が必要《ひつよう》だった。

※こたえは左《ひだり》ページ下《した》

ステップ3

それぞれの言葉《ことば》の意味《いみ》を、しっかりおぼえよう。

1. **未成年《みせいねん》** 成年《せいねん》（日本《にほん》では満《まん》18歳《さい》）に達《たっ》していないこと。また、そのような人《ひと》。
2. **分担《ぶんたん》** いくつかに分《わ》けて、受《う》け持《も》つこと。
3. **最高潮《さいこうちょう》** 感情《かんじょう》や雰囲気《ふんいき》が、もっとも盛《も》り上《あ》がった状態《じょうたい》。
4. **張本人《ちょうほんにん》** その事件《じけん》が起《お》こる、もとをつくった人《ひと》。
5. **むだ口《ぐち》** なんの役《やく》にも立《た》たない、つまらないおしゃべり。
6. **ひょうしぬけ** 調子《ちょうし》がくるうこと。張《は》り合《あ》いがなくなること。
7. **誤解《ごかい》** 相手《あいて》の言動《げんどう》などを、間《ま》違《ちが》って理解《りかい》すること。
8. **長所《ちょうしょ》** 優《すぐ》れている点《てん》。
9. **模造品《もぞうひん》** 本物《ほんもの》に似《に》せてつくった品物《しなもの》。

学習日《がくしゅうび》　月　日

左《ひだり》ページ（45ページ）のこたえ

ア未練《みれん》　イ調和《ちょうわ》　ウ弁明《べんめい》　エ小細工《こざいく》　オ指図《さしず》　カ行楽《こうらく》　キ直行《ちょっこう》　ク生返事《なまへんじ》　ケ腹心《ふくしん》

学力《がくりょく》アップ！

行楽《こうらく》に向《む》いている場所《ばしょ》のことを、「行楽《こうらく》地《ち》」という。

ステップ1 意味《いみ》のわかる言葉《ことば》に、チェックを入《い》れよう(☑)。

❶ 小細工《こざいく》 □
❷ 行楽《こうらく》 □
❸ 指図《さしず》 □
❹ 直行《ちょっこう》 □
❺ 未練《みれん》 □
❻ 腹心《ふくしん》 □
❼ 調和《ちょうわ》 □
❽ 弁明《べんめい》 □
❾ 生返事《なまへんじ》 □

学《まな》んだ語彙数《ごいすう》 369～377

ステップ2 (　)に当《あ》てはまる言葉《ことば》を上《うえ》から選《えら》び、文章《ぶんしょう》を完成《かんせい》させよう。

ア やめたサッカー部《ぶ》に(　　)はない。
イ 部屋《へや》に(　　)した家具《かぐ》。
ウ 必死《ひっし》に(　　)したが、納得《なっとく》してもらえなかった。
エ 敵《てき》の(　　)を見破《みやぶ》る。
オ 先生《せんせい》の(　　)で動《うご》く。
カ 暑《あつ》さも弱《よわ》まり、(　　)に適《てき》した季節《きせつ》になった。
キ 空港《くうこう》から会社《かいしゃ》に(　　)する。
ク 何《なに》を言《い》っても、彼《かれ》は(　　)を返《かえ》すだけだった。
ケ あの目《め》つきのするどい男《おとこ》は大統領《だいとうりょう》の(　　)だ。

※こたえは右《みぎ》ページ下《した》

ステップ3 それぞれの言葉《ことば》の意味《いみ》を、しっかりおぼえよう。

❶ **小細工《こざいく》** つまらない計略《けいりゃく》。
❷ **行楽《こうらく》** 山野《さんや》などに出《で》て、遊《あそ》び楽《たの》しむこと。
❸ **指図《さしず》** 指示《しじ》や命令《めいれい》。
❹ **直行《ちょっこう》** どこへも立《た》ち寄《よ》らず、まっすぐ目的地《もくてきち》に向《む》かうこと。
❺ **未練《みれん》** あきらめきれないこと。
❻ **腹心《ふくしん》** ①深《ふか》く信頼《しんらい》している人《ひと》。②心《こころ》の奥底《おくそこ》。
❼ **調和《ちょうわ》** 全体《ぜんたい》のつり合《あ》いがちょうどよく、まとまっていること。
❽ **弁明《べんめい》** うたがいや非難《ひなん》に対《たい》して、事情《じじょう》を説明《せつめい》すること。
❾ **生返事《なまへんじ》** いいかげんな返事《へんじ》。はっきりしない返事《へんじ》。

学習日《がくしゅうび》　　月　　日

右《みぎ》ページ(44ページ)のこたえ
ア長所《ちょうしょ》 イ分担《ぶんたん》 ウ最高潮《さいこうちょう》 エ模造品《もぞうひん》 オ張本人《ちょうほんにん》 カ誤解《ごかい》 キひょうしぬけ クむだ口《ぐち》 ケ未成年《みせいねん》

学力《がくりょく》アップ!

「長所《ちょうしょ》」の対義語《たいぎご》は「短所《たんしょ》」。

学《まな》んだ語彙数《ごいすう》 378〜386

ステップ1 意味《いみ》のわかる言葉《ことば》に、チェックを入《い》れよう(☑)。

1. 担《にな》い手《て》 □
2. 談笑《だんしょう》 □
3. 参入《さんにゅう》 □
4. 賃貸《ちんたい》 □
5. 明後日《みょうごにち》 □
6. 絶句《ぜっく》 □
7. 天敵《てんてき》 □
8. 重圧《じゅうあつ》 □
9. 正論《せいろん》 □

ステップ2 (　)に当《あ》てはまる言葉《ことば》を上《うえ》から選《えら》び、文章《ぶんしょう》を完成《かんせい》させよう。

ア 薬品会社《やくひんがいしゃ》の大手《おおて》が、外食産業《がいしょくさんぎょう》に(　　)する。

イ 堂々《どうどう》と(　　)を述《の》べる。

ウ 次世代《じせだい》の(　　)を育《そだ》てる。

エ (　　)マンションに住《す》む。

オ (　　)をはね返《かえ》し、試合《しあい》で活躍《かつやく》する。

カ 楽《たの》しそうに(　　)している人《ひと》たち。

キ ヘビはカエルの(　　)だ。

ク あまりにひどいことを言《い》われ、(　　)した。

ケ (　　)に、旅行《りょこう》へ出《で》かける予定《よてい》だ。

※こたえは左《ひだり》ページ下《した》

ステップ3 それぞれの言葉《ことば》の意味《いみ》を、しっかりおぼえよう。

1. **担《にな》い手《て》** 責任《せきにん》をもって引《ひ》き受《う》け、中心《ちゅうしん》となって進《すす》めていく人《ひと》。
2. **談笑《だんしょう》** 気楽《きらく》にくつろいで、楽《たの》しそうに笑《わら》ったり話《はな》したりすること。
3. **参入《さんにゅう》** 事業《じぎょう》などに新《あたら》しく加《くわ》わること。
4. **賃貸《ちんたい》** 料金《りょうきん》をとって、ものを相《あい》手《て》に貸《か》すこと。
5. **明後日《みょうごにち》** 明日《あす》の次《つぎ》の日《ひ》。
6. **絶句《ぜっく》** 話《はなし》の途中《とちゅう》で言葉《ことば》につまること。
7. **天敵《てんてき》** 自然界《しぜんかい》で、ある動物《どうぶつ》をえさとして殺《ころ》す、ほかの動物《どうぶつ》。
8. **重圧《じゅうあつ》** 強《つよ》い力《ちから》でおさえつけること。また、その力《ちから》。
9. **正論《せいろん》** 正《ただ》しい意見《いけん》や議論《ぎろん》。

学習日《がくしゅうび》 　月　日

左《ひだり》ページ(47ページ)のこたえ

ア大《おお》づめ イ通商《つうしょう》 ウ不世出《ふせいしゅつ》 エ自衛《じえい》 オ布石《ふせき》 カ大任《たいにん》 キ無関心《むかんしん》 ク通称《つうしょう》 ケ新天地《しんてんち》

学力《がくりょく》アップ!

「布石《ふせき》」は碁《ご》からうまれた言葉《ことば》。対局《たいきょく》のはじめに置《お》く石《いし》の配置《はいち》のことをいう。

ステップ1

意味《いみ》のわかる言葉《ことば》に、チェックを入《い》れよう(☑)。

1. 無関心《むかんしん》 □
2. 新天地《しんてんち》 □
3. 大《おお》づめ □
4. 自衛《じえい》 □
5. 通商《つうしょう》 □
6. 通称《つうしょう》 □
7. 大任《たいにん》 □
8. 布石《ふせき》 □
9. 不世出《ふせいしゅつ》 □

学《まな》んだ語彙数《ごいすう》 387〜395

ステップ2

(　)に当《あ》てはまる言葉《ことば》を上《うえ》から選《えら》び、文章《ぶんしょう》を完成《かんせい》させよう。

ア 優勝争《ゆうしょうあらそ》いはいよいよ(　　　)をむかえた。

イ 中国《ちゅうごく》と(　　　)をおこなう。

ウ 彼《かれ》は(　　　)の天才役者《てんさいやくしゃ》だ。

エ 身《み》を守《まも》るため、(　　　)の手段《しゅだん》を考《かんが》える。

オ 次回《じかい》への(　　　)をうつ。

カ 議長《ぎちょう》の(　　　)を果《は》たす。

キ 気《き》になったけど、(　　　)をよそおった。

ク 「水戸黄門《みとこうもん》」は、徳川光圀《とくがわみつくに》の(　　　)です。

ケ (　　　)でも、元気《げんき》にがんばってね。

※こたえは右《みぎ》ページ下《した》

ステップ3

それぞれの言葉《ことば》の意味《いみ》を、しっかりおぼえよう。

1. **無関心《むかんしん》** 興味《きょうみ》をもたないこと。関《かん》心《しん》を示《しめ》さないこと。
2. **新天地《しんてんち》** 新《あたら》しい活躍《かつやく》の場所《ばしょ》。
3. **大《おお》づめ** ①芝居《しばい》などの終《お》わりの場面《ばめん》。②物事《ものごと》の最終段階《さいしゅうだんかい》。
4. **自衛《じえい》** 自分《じぶん》の力《ちから》で自分《じぶん》を守《まも》ること。
5. **通商《つうしょう》** 外国《がいこく》と商業上《しょうぎょうじょう》の取引《とりひ》きをおこなうこと。貿易《ぼうえき》。
6. **通称《つうしょう》** 正式《せいしき》な名前《なまえ》ではないが、世間《せけん》で一般的《いっぱんてき》に使《つか》われている名前《なまえ》。
7. **大任《たいにん》** 責任《せきにん》のある、大切《たいせつ》な役目《やくめ》。
8. **布石《ふせき》** 将来《しょうらい》のための用意《ようい》。
9. **不世出《ふせいしゅつ》** 世《よ》の中《なか》に、めったにあらわれないほど、優《すぐ》れていること。

学習日《がくしゅうび》　月　日

右《みぎ》ページ(46ページ)のこたえ

ア参入《さんにゅう》　イ正論《せいろん》　ウ担《にな》い手《て》　エ賃貸《ちんたい》　オ重圧《じゅうあつ》　カ談笑《だんしょう》　キ天敵《てんてき》　ク絶句《ぜっく》　ケ明後日《みょうごにち》

学力《がくりょく》アップ!

「明後日」と書《か》いて、「あさって」とも読《よ》む。

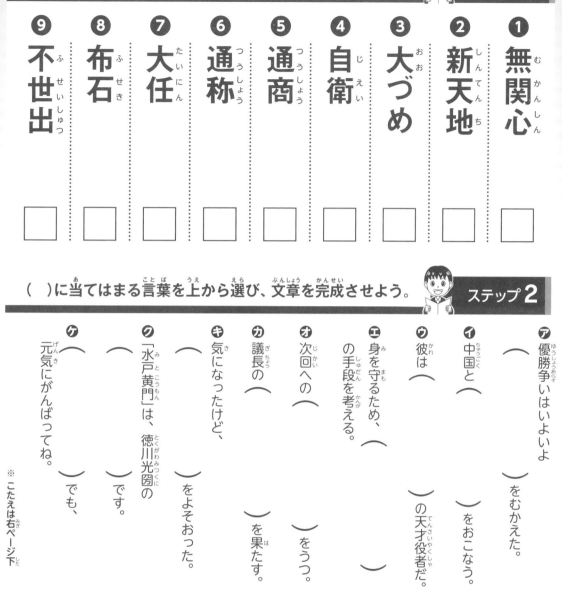

意味《いみ》のわかる言葉《ことば》に、チェックを入《い》れよう（☑）。 ステップ1

❶ 忠誠《ちゅうせい》 □
❷ 直談判《じかだんぱん》 □
❸ 見栄《みば》え □
❹ こがらし □
❺ 不測《ふそく》 □
❻ 動機《どうき》 □
❼ 省略《しょうりゃく》 □
❽ 展望《てんぼう》 □
❾ 補強《ほきょう》 □

（　）に当《あ》てはまる言葉《ことば》を上《うえ》から選《えら》び、文章《ぶんしょう》を完成《かんせい》させよう。 ステップ2

ア （　　　　）が吹《ふ》く。
イ 彼《かれ》に（　　　　）して、願《ねが》いを聞《き》いてもらおう。
ウ 犯人《はんにん》の（　　　　）は不明《ふめい》だ。
エ 将軍《しょうぐん》への（　　　　）をちかう。
オ （　　　　）の事態《じたい》が起《お》きる。
カ 時間《じかん》がなかったので、（　　　　）して話《はな》した。
キ 今後《こんご》の（　　　　）を話《はな》す。
ク 壊《こわ》れかけのいすを（　　　　）する。
ケ かざりをつけたら、だいぶ（　　　　）がよくなった。

※こたえは左《ひだり》ページ下《した》

それぞれの言葉《ことば》の意味《いみ》を、しっかりおぼえよう。 ステップ3

❶ **忠誠《ちゅうせい》** 正直《しょうじき》に行動《こうどう》し、裏切《うらぎ》らないこと。また、そのような心《こころ》。

❷ **直談判《じかだんぱん》** 直接相手《ちょくせつあいて》と交渉《こうしょう》すること。

❸ **見栄《みば》え** 見《み》た感《かん》じがよいこと。

❹ **こがらし** 秋《あき》の末《すえ》から冬《ふゆ》のはじめにかけて吹《ふ》く、強《つよ》くて冷《つめ》たい北風《きたかぜ》。

❺ **不測《ふそく》** 予測《よそく》できないこと。

❻ **動機《どうき》** 何《なに》かをしようという、直接《ちょくせつ》の原因《げんいん》。

❼ **省略《しょうりゃく》** 一部《いちぶ》を取《と》り除《のぞ》き、簡単《かんたん》にすること。

❽ **展望《てんぼう》** ①遠《とお》くまで広《ひろ》く見《み》わたすこと。また、その眺《なが》め。②将来《しょうらい》や社会《しゃかい》の動《うご》きなどについて、見通《みとお》すこと。

❾ **補強《ほきょう》** 足《た》りないところや弱《よわ》い部分《ぶぶん》をおぎなって、強《つよ》くすること。

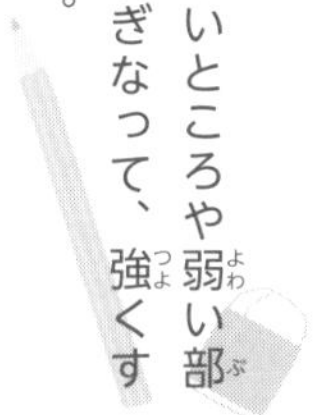

左《ひだり》ページ（49ページ）のこたえ

ア器量《きりょう》 イ復興《ふっこう》 ウ読後《どくご》 エ納税《のうぜい》 オ真夏日《まなつび》 カ失笑《しっしょう》 キ提言《ていげん》 ク無作為《むさくい》 ケ限定《げんてい》

学力《がくりょく》アップ！

最高気温《さいこうきおん》が25℃以上《いじょう》の日《ひ》を「夏日《なつび》」、35℃以上《いじょう》の日《ひ》を「猛暑日《もうしょび》」という。

学《まな》んだ語彙数《ごいすう》 396〜404

学習日《がくしゅうび》 　月　　日

学《まな》んだ語彙数《ごいすう》 405～413

意味《いみ》のわかる言葉《ことば》に、チェックを入《い》れよう(☑)。 ステップ1

❶ 納税《のうぜい》 □

❷ 提言《ていげん》 □

❸ 読後《どくご》 □

❹ 器量《きりょう》 □

❺ 限定《げんてい》 □

❻ 復興《ふっこう》 □

❼ 無作為《むさくい》 □

❽ 真夏日《まなつび》 □

❾ 失笑《しっしょう》 □

( )に当《あ》てはまる言葉《ことば》を上《うえ》から選《えら》び、文章《ぶんしょう》を完成《かんせい》させよう。 ステップ2

ア 彼《かれ》ほどの（　　）の持《も》ち主《ぬし》なら、きっと大丈夫《だいじょうぶ》だろう。

イ 商店街《しょうてんがい》を（　　）させよう！

ウ 借《か》りた本《ほん》の（　　）の感想《かんそう》を述《の》べる。

エ （　　）は国民《こくみん》の義務《ぎむ》です。

オ 今年《ことし》の夏《なつ》は、全国的《ぜんこくてき》に（　　）が続《つづ》いている。

カ 芸人《げいにん》のギャグに（　　）する。

キ 改善案《かいぜんあん》を（　　）する。

ク （　　）に選《えら》ぶ。

ケ この店《みせ》のメロンパンは、50個《こ》（　　）で売《う》られている。

※こたえは右《みぎ》ページ下《した》

それぞれの言葉《ことば》の意味《いみ》を、しっかりおぼえよう。 ステップ3

❶ **納税《のうぜい》** 税金《ぜいきん》を納《おさ》めること。また、その税金《ぜいきん》。

❷ **提言《ていげん》** 自分《じぶん》の意見《いけん》や考《かんが》えを出《だ》すこと。また、その意見《いけん》や考《かんが》え。

❸ **読後《どくご》** 本《ほん》などを読《よ》んだあと。

❹ **器量《きりょう》** ①その地位《ちい》や仕事《しごと》にふさわしい能力《のうりょく》や資質《ししつ》。②顔《かお》だち。

❺ **限定《げんてい》** 数量《すうりょう》や範囲《はんい》に制限《せいげん》をつけること。

❻ **復興《ふっこう》** いったんおとろえたものが、ふたたび盛《さか》んになること。また、盛《さか》んにすること。

❼ **無作為《むさくい》** 自分《じぶん》の考《かんが》えを入《い》れず、偶《ぐう》然《ぜん》にまかせること。

❽ **真夏日《まなつび》** 最高気温《さいこうきおん》が30℃以上《いじょう》の日《ひ》。

❾ **失笑《しっしょう》** 思《おも》わず笑《わら》ってしまうこと。

学習日《がくしゅうび》 　月　　日

右《みぎ》ページ(48ページ)のこたえ

ア こがらし　イ 直談判《じかだんぱん》　ウ 動機《どうき》　エ 忠誠《ちゅうせい》　オ 不測《ふそく》　カ 省略《しょうりゃく》　キ 展望《てんぼう》　ク 補強《ほきょう》　ケ 見栄《みば》え

学力《がくりょく》アップ！

「こがらし」は、漢字《かんじ》で書《か》くと「木枯《こが》らし」。「木《き》を枯《か》らすほど冷《つめ》たい風《かぜ》」という意味《いみ》。

ステップ1
意味《いみ》のわかる言葉《ことば》に、チェックを入《い》れよう（☑）。

❶ 不文律《ふぶんりつ》 □
❷ 耳打《みみう》ち □
❸ 包容力《ほうようりょく》 □
❹ 遊説《ゆうぜい》 □
❺ 持久戦《じきゅうせん》 □
❻ 負《ま》けおしみ □
❼ 眼下《がんか》 □
❽ 習性《しゅうせい》 □
❾ 朗報《ろうほう》 □

学《まな》んだ語彙数《ごいすう》 414～422

ステップ2
（　）に当《あ》てはまる言葉《ことば》を上《うえ》から選《えら》び、文章《ぶんしょう》を完成《かんせい》させよう。

ア 自転車《じてんしゃ》で地方《ちほう》を（　　）する。
イ （　　）に広《ひろ》がる美《うつく》しい景色《けしき》。
ウ （　　）がとどき、家族中《かぞくじゅう》がよろこんだ。
エ 野球《やきゅう》にはルールにはない（　　）がたくさんある。
オ ほかの人《ひと》にさとられないよう、彼《かれ》にそっと（　　）する。
カ （　　）を言《い》うのは見苦《みぐる》しい。
キ （　　）に持《も》ちこみ、相手《あいて》が疲《つか》れるのを待《ま》つ。
ク 昆虫《こんちゅう》のガには、光《ひかり》に集《あつ》まる（　　）がある。
ケ （　　）のある男性《だんせい》。

※こたえは左《ひだり》ページ下《した》

ステップ3
それぞれの言葉《ことば》の意味《いみ》を、しっかりおぼえよう。

❶ **不文律《ふぶんりつ》** 文章化《ぶんしょうか》されていない決《き》まりごと。
❷ **耳打《みみう》ち** 相手《あいて》の耳《みみ》もとで、ささやくこと。
❸ **包容力《ほうようりょく》** 欠点《けってん》やあやまちを責《せ》めることなく、その相手《あいて》の様々《さまざま》な点《てん》を受《う》け入《い》れる心《こころ》の広《ひろ》さ。
❹ **遊説《ゆうぜい》** 政治家《せいじか》などが、意見《いけん》や主張《しゅちょう》を述《の》べて各地《かくち》をまわること。
❺ **持久戦《じきゅうせん》** 時間《じかん》をかけた戦《たたか》い。
❻ **負《ま》けおしみ** 自分《じぶん》の負《ま》けや失敗《しっぱい》をみとめず、強《つよ》がりを言《い》うこと。
❼ **眼下《がんか》** 高《たか》いところから見下《みお》ろした一帯《いったい》。
❽ **習性《しゅうせい》** 動物《どうぶつ》などの行動《こうどう》に見《み》られる特性《とくせい》。
❾ **朗報《ろうほう》** うれしい知《し》らせ。

学習日《がくしゅうび》　　月　　日

左《ひだり》ページ（51ページ）のこたえ
ア照《て》り返《かえ》し　イ教養《きょうよう》　ウ皮肉《ひにく》　エ分布《ぶんぷ》　オ至近《しきん》　カ公算《こうさん》　キ等身大《とうしんだい》　クおとさた　ケ語《かた》り草《ぐさ》

学力《がくりょく》アップ！
「おとさた」を漢字《かんじ》で書《か》くと「音沙汰《おとさた》」。

ステップ1

意味《いみ》のわかる言葉《ことば》に、チェックを入《い》れよう(☑)。

❶ 教養《きょうよう》 □
❷ 皮肉《ひにく》 □
❸ おとさた □
❹ 至近《しきん》 □
❺ 等身大《とうしんだい》 □
❻ 公算《こうさん》 □
❼ 語《かた》り草《ぐさ》 □
❽ 分布《ぶんぷ》 □
❾ 照《て》り返《かえ》し □

ステップ2

(　)に当《あ》てはまる言葉《ことば》を上《うえ》から選《えら》び、文章《ぶんしょう》を完成《かんせい》させよう。

㋐ 路面《ろめん》の(　　　)がまぶしい。
㋑ 本《ほん》をたくさん読《よ》んで、(　　　)を身《み》につける。
㋒ 彼《かれ》の(　　　)には、いつもうんざりさせられる。
㋓ 西日本《にしにほん》から九州地方《きゅうしゅうちほう》にかけて(　　　)している虫《むし》。
㋔ (　　　)距離《きょり》に近《ちか》づく。
㋕ 成功《せいこう》の(　　　)が大《おお》きい。
㋖ 人気歌手《にんきかしゅ》の(　　　)ポスター。
㋗ もう何十年《なんじゅうねん》も(　　　)がない。
㋘ あの男《おとこ》の変《か》わった振《ふ》るまいは、今《いま》も(　　　)になっている。

※こたえは右《みぎ》ページ下《した》

学《まな》んだ語彙数《ごいすう》 423～431

ステップ3

それぞれの言葉《ことば》の意味《いみ》を、しっかりおぼえよう。

❶ **教養《きょうよう》**
生活《せいかつ》するうえで必要《ひつよう》な幅《はば》広《ひろ》い知識《ちしき》。

❷ **皮肉《ひにく》**
遠《とお》まわしに、人《ひと》の欠点《けってん》や失敗《しっぱい》を意地悪《いじわる》く責《せ》めること。

❸ **おとさた**
連絡《れんらく》。便《たよ》り。消息《しょうそく》。

❹ **至近《しきん》**
距離《きょり》が非常《ひじょう》に近《ちか》いこと。

❺ **等身大《とうしんだい》**
①身長《しんちょう》と同《おな》じ高《たか》さや大《おお》きさであること。
②ありのままの姿《すがた》。

❻ **公算《こうさん》**
あることが実現《じつげん》する見こみ。

❼ **語《かた》り草《ぐさ》**
いつまでも話《はなし》のたねになるようなことがら。

❽ **分布《ぶんぷ》**
あちこちに分《わ》かれてあること。

❾ **照《て》り返《かえ》し**
光《ひかり》や熱《ねつ》が反射《はんしゃ》すること。

学習日《がくしゅうび》 　月　　日

右《みぎ》ページ(50ページ)のこたえ

㋐遊説《ゆうぜい》 ㋑眼下《がんか》 ㋒朗報《ろうほう》 ㋓不文律《ふぶんりつ》 ㋔耳打《みみう》ち ㋕負《ま》けおしみ ㋖持久戦《じきゅうせん》 ㋗習性《しゅうせい》 ㋘包容力《ほうようりょく》

学力《がくりょく》アップ!

「遊説《ゆうぜい》」を「ゆうぜつ」と読《よ》まないように注意《ちゅうい》。正《ただ》しくは「ゆうぜい」。

ステップ1

意味《いみ》のわかる言葉《ことば》に、チェックを入《い》れよう（☑）。

❶ 解放《かいほう》 □
❷ 快方《かいほう》 □
❸ 開放《かいほう》 □
❹ 用量《ようりょう》 □
❺ 容量《ようりょう》 □
❻ 望郷《ぼうきょう》 □
❼ 定刻《ていこく》 □
❽ 満開《まんかい》 □
❾ 進展《しんてん》 □

ステップ2

（　）に当《あ》てはまる言葉《ことば》を上《うえ》から選《えら》び、文章《ぶんしょう》を完成《かんせい》させよう。

ア 病気《びょうき》が（　　　）に向《む》かう。
イ （　　　）を守《まも》って薬《くすり》を飲《の》む。
ウ このペットボトルの（　　　）は2リットルです。
エ 仕事《しごと》から（　　　）された。
オ （　　　）の念《ねん》にかられる。
カ 駅前《えきまえ》の開発工事《かいはつこうじ》が、かなり（　　　）している。
キ 夏休《なつやす》み中《ちゅう》、学校《がっこう》のグラウンドが（　　　）される。
ク （　　　）になったので、出発《しゅっぱつ》します。
ケ （　　　）の桜《さくら》。

※こたえは左《ひだり》ページ下《した》

ステップ3

それぞれの言葉《ことば》の意味《いみ》を、しっかりおぼえよう。

❶ **解放《かいほう》** それまでの制限《せいげん》をとき、自由《じゆう》にすること。
❷ **快方《かいほう》** 病気《びょうき》や傷《きず》が治《なお》っていくこと。
❸ **開放《かいほう》** ①戸《と》などを、あけはなすこと。あけたままにしておくこと。②自由《じゆう》に出入《でい》りさせること。
❹ **用量《ようりょう》** 使用《しよう》する一定《いってい》の分量《ぶんりょう》。
❺ **容量《ようりょう》** 入《い》れ物《もの》に入《い》れることができる分量《ぶんりょう》。
❻ **望郷《ぼうきょう》** 故郷《こきょう》をなつかしく思《おも》うこと。
❼ **定刻《ていこく》** 決《き》められた時刻《じこく》。
❽ **満開《まんかい》** 十分《じゅうぶん》に花《はな》が開《ひら》くこと。
❾ **進展《しんてん》** 物事《ものごと》が進《すす》み、新《あら》たな状況《じょうきょう》や状態《じょうたい》がうまれること。

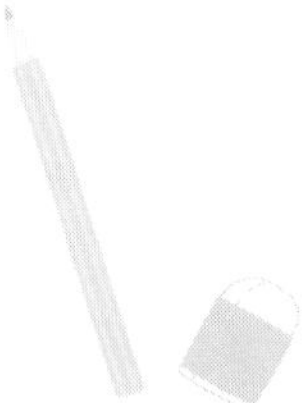

学《まな》んだ語彙数《ごいすう》 432～440

学習日《がくしゅうび》　月　日

左《ひだり》ページ（53ページ）のこたえ

ア師事《しじ》　イ動転《どうてん》　ウ防犯《ぼうはん》　エ安否《あんぴ》　オ支持《しじ》　カ温存《おんぞん》　キ創業《そうぎょう》　ク未知《みち》　ケ操業《そうぎょう》

学力《がくりょく》アップ！

「創業《そうぎょう》」と似《に》た意味《いみ》の言葉《ことば》に「起業《きぎょう》」がある。

意味《いみ》のわかる言葉《ことば》に、チェックを入《い》れよう(☑)。 ステップ1

❶ 安否《あんぴ》 □
❷ 温存《おんぞん》 □
❸ 動転《どうてん》 □
❹ 防犯《ぼうはん》 □
❺ 未知《みち》 □
❻ 創業《そうぎょう》 □
❼ 操業《そうぎょう》 □
❽ 師事《しじ》 □
❾ 支持《しじ》 □

( )に当《あ》てはまる言葉《ことば》を上《うえ》から選《えら》び、文章《ぶんしょう》を完成《かんせい》させよう。 ステップ2

ア 有名《ゆうめい》な書道家《しょどうか》に( )する。
イ 突然《とつぜん》のことで、気《き》が( )する。
ウ ( )のため、ブザーをもつ。
エ 登山者《とざんしゃ》の( )を心配《しんぱい》したが、みんな無事《ぶじ》だった。
オ 彼女《かのじょ》の主張《しゅちょう》を( )する。
カ 体力《たいりょく》を( )する。
キ 江戸時代《えどじだい》( )の店《みせ》。
ク ( )の体験《たいけん》に、わくわくする。
ケ しばらく( )を停止《ていし》する。

※こたえは右《みぎ》ページ下《した》

それぞれの言葉《ことば》の意味《いみ》を、しっかりおぼえよう。 ステップ3

❶ **安否《あんぴ》** 無事《ぶじ》であることと、そうでないこと。
❷ **温存《おんぞん》** 使《つか》わずにとっておくこと。
❸ **動転《どうてん》** びっくりして、あわてること。
❹ **防犯《ぼうはん》** 犯罪《はんざい》をふせぐこと。
❺ **未知《みち》** まだ知《し》られていないこと。知《し》らないこと。
❻ **創業《そうぎょう》** 事業《じぎょう》を新《あたら》しくはじめること。
❼ **操業《そうぎょう》** 工場《こうじょう》などで機械《きかい》を動《うご》かして作業《さぎょう》すること。また、その作業《さぎょう》。
❽ **師事《しじ》** ある人《ひと》を師《し》(先生《せんせい》)として尊敬《そんけい》し、その教《おし》えを受《う》けること。
❾ **支持《しじ》** ある意見《いけん》や考《かんが》えなどに賛成《さんせい》して、力《ちから》を貸《か》すこと。

学《まな》んだ語彙数《ごいすう》 441〜449

学習日《がくしゅうび》 月 日

右《みぎ》ページ(52ページ)のこたえ

ア快方《かいほう》 イ用量《ようりょう》 ウ容量《ようりょう》 エ解放《かいほう》 オ望郷《ぼうきょう》 カ進展《しんてん》 キ開放《かいほう》 ク定刻《ていこく》 ケ満開《まんかい》

学力《がくりょく》アップ!

「用量《ようりょう》」は、薬品《やくひん》の1回《かい》や1日《にち》の使用量《しようりょう》を指《さ》す言葉《ことば》としてよく使《つか》われる。

ステップ1

意味《いみ》のわかる言葉《ことば》に、チェックを入《い》れよう（☑）。

❶ 投資《とうし》 □
❷ 不服《ふふく》 □
❸ 寒暖《かんだん》 □
❹ 起源《きげん》 □
❺ 留意《りゅうい》 □
❻ 逃亡《とうぼう》 □
❼ 報道《ほうどう》 □
❽ 断片《だんぺん》 □
❾ 熟考《じゅっこう》 □

ステップ2

（　）に当《あ》てはまる言葉《ことば》を上《うえ》から選《えら》び、文章《ぶんしょう》を完成《かんせい》させよう。

㋐ 朝《あさ》と昼《ひる》の（　　　）の差《さ》が激《はげ》しい。
㋑ 健康《けんこう》に（　　　）する。
㋒ 記憶《きおく》の（　　　）をつなぎ合《あ》わせる。
㋓ （　　　）した犯人《はんにん》がつかまる。
㋔ （　　　）したが、結論《けつろん》はまだ出《で》ない。
㋕ 宇宙《うちゅう》の（　　　）を学《まな》ぶ。
㋖ （　　　）を申《もう》し立《た》てる。
㋗ その事件《じけん》は（　　　）ではじめて知《し》った。
㋘ その（　　　）話《ばなし》は、少《すこ》し怪《あや》しいね。

※こたえは左《ひだり》ページ下《した》

ステップ3

それぞれの言葉《ことば》の意味《いみ》を、しっかりおぼえよう。

❶ **投資《とうし》** ①利益《りえき》を見《み》こんで、金《かね》を出《だ》すこと。②将来性《しょうらいせい》を見《み》こんで、力《ちから》をつぎこむこと。
❷ **不服《ふふく》** 納得《なっとく》いかず、不満《ふまん》に思《おも》うこと。
❸ **寒暖《かんだん》** 寒《さむ》さと暖《あたた》かさ。
❹ **起源《きげん》** 物事《ものごと》の起《お》こり。
❺ **留意《りゅうい》** 心《こころ》にとどめて、気《き》をつけること。
❻ **逃亡《とうぼう》** 逃《に》げて、かくれること。
❼ **報道《ほうどう》** 社会《しゃかい》の出来事《できごと》を広《ひろ》く知《し》らせること。また、その知《し》らせ。
❽ **断片《だんぺん》** 切《き》れ端《はし》。一部分《いちぶぶん》。
❾ **熟考《じゅっこう》** 十分《じゅうぶん》に考《かんが》えること。

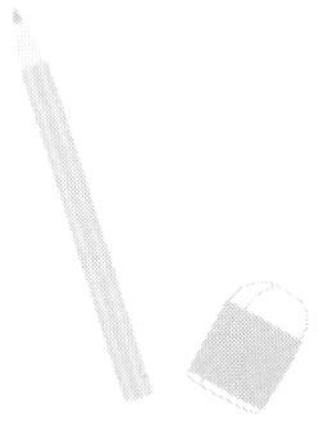

学《まな》んだ語彙数《ごいすう》 450～458

学習日《がくしゅうび》 　月　日

左《ひだり》ページ（55ページ）のこたえ

㋐総額《そうがく》 ㋑往来《おうらい》 ㋒原寸大《げんすんだい》 ㋓野心《やしん》 ㋔首脳《しゅのう》 ㋕奏功《そうこう》 ㋖改憲《かいけん》 ㋗適任《てきにん》 ㋘自重《じちょう》

学力《がくりょく》アップ！

憲法《けんぽう》を改正《かいせい》することを「改憲《かいけん》」といい、現《げん》行《こう》の憲法《けんぽう》を守《まも》ることを「護憲《ごけん》」という。

学《まな》んだ語彙数《ごいすう》 459〜467

ステップ1

意味《いみ》のわかる言葉《ことば》に、チェックを入《い》れよう(☑)。

① 往来《おうらい》 □
② 首脳《しゅのう》 □
③ 適任《てきにん》 □
④ 自重《じちょう》 □
⑤ 奏功《そうこう》 □
⑥ 総額《そうがく》 □
⑦ 改憲《かいけん》 □
⑧ 野心《やしん》 □
⑨ 原寸大《げんすんだい》 □

ステップ2

( )に当《あ》てはまる言葉《ことば》を上《うえ》から選《えら》び、文章《ぶんしょう》を完成《かんせい》させよう。

ア 賞金《しょうきん》( )1000万円《まんえん》。
イ 車《くるま》の( )が激《はげ》しい道路《どうろ》。
ウ ( )の模型《もけい》。
エ 今度《こんど》の映画《えいが》は、これまでにない( )作《さく》だ。
オ 各国《かっこく》の( )が集《あつ》まる。
カ トレーニングが( )し、体力《たいりょく》がアップした。
キ ( )をめぐる論議《ろんぎ》が活発化《かっぱつか》する。
ク きれい好《ず》きな彼女《かのじょ》は、美化委員《びかいいん》に( )だ。
ケ うかれる気分《きぶん》はわかるが、少《すこ》し( )してください。

※こたえは右《みぎ》ページ下《した》

ステップ3

それぞれの言葉《ことば》の意味《いみ》を、しっかりおぼえよう。

① **往来《おうらい》** 行《い》ったり来《き》たりすること。
② **首脳《しゅのう》** 政府《せいふ》・組織《そしき》・団体《だんたい》などで、もっとも上《うえ》の役職《やくしょく》についている人《ひと》。
③ **適任《てきにん》** 才能《さいのう》が、その仕事《しごと》や役目《やくめ》に合《あ》っていること。
④ **自重《じちょう》** 自分《じぶん》の行動《こうどう》や言葉《ことば》をつつしむこと。
⑤ **奏功《そうこう》** 目標《もくひょう》としていた結果《けっか》が出《で》ること。成功《せいこう》。
⑥ **総額《そうがく》** 全体《ぜんたい》の合計額《ごうけいがく》。
⑦ **改憲《かいけん》** 憲法《けんぽう》を改正《かいせい》すること。
⑧ **野心《やしん》** ①権力《けんりょく》や金《かね》などを得《え》たいという、大《おお》きな望《のぞ》み。②新《あたら》しい試《こころ》み。
⑨ **原寸大《げんすんだい》** 実物《じつぶつ》と同《おな》じ大《おお》きさ。

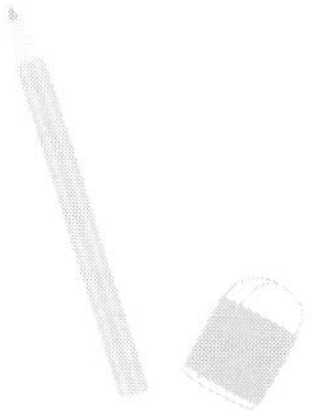

学習日《がくしゅうび》 月 日

右《みぎ》ページ(54ページ)のこたえ
ア寒暖《かんだん》 イ留意《りゅうい》 ウ断片《だんぺん》 エ逃亡《とうぼう》 オ熟考《じゅっこう》 カ起源《きげん》 キ不服《ふふく》 ク報道《ほうどう》 ケ投資《とうし》

学力《がくりょく》アップ!
「報道《ほうどう》」は、「ニュース」と同《おな》じ意味《いみ》の言葉《ことば》。

意味《いみ》のわかる言葉《ことば》に、チェックを入《い》れよう(☑)。 ステップ1

❶ アピール □
❷ クライマックス □
❸ アクセス □
❹ インスピレーション □
❺ モラル □
❻ サミット □
❼ エキスパート □
❽ テクノロジー □
❾ リスク □

学《まな》んだ語彙数《ごいすう》 468～476

( )に当《あ》てはまる言葉《ことば》を上《うえ》から選《えら》び、文章《ぶんしょう》を完成《かんせい》させよう。 ステップ2

㋐ 物語《ものがたり》はついに、( )をむかえた。
㋑ 彼《かれ》はがん治療《ちりょう》の( )だ。
㋒ 今年《ことし》は日本《にほん》で( )が開《ひら》かれる。
㋓ ( )がわく。
㋔ 空港《くうこう》からの( )が便利《べんり》だ。
㋕ ( )の発展《はってん》は、人々《ひとびと》の生活《せいかつ》を豊《ゆた》かにする。
㋖ 観客《かんきゃく》に( )する。
㋗ いろいろと手《て》を打《う》ち、( )を回避《かいひ》する。
㋘ ( )の低下《ていか》をなげく。

※こたえは左《ひだり》ページ下《した》

それぞれの言葉《ことば》の意味《いみ》を、しっかりおぼえよう。 ステップ3

❶ **アピール**
人《ひと》や世《よ》の中《なか》にうったえること。

❷ **クライマックス**
①物事《ものごと》の緊張《きんちょう》、精神《せいしん》の高《たか》まりなどが、最高《さいこう》に盛《も》り上《あ》がった状態《じょうたい》。
②物語《ものがたり》などで、もっとも盛《も》り上《あ》がる場面《ばめん》。

❸ **アクセス**
交通《こうつう》の便《べん》。

❹ **インスピレーション**
創作《そうさく》などの途中《とちゅう》で、ぱっとひらめく考《かんが》え。霊感《れいかん》。

❺ **モラル**
道徳《どうとく》。倫理《りんり》（人《ひと》として守《まも》りおこなうべきこと）。

❻ **サミット**
①主要国首脳会議《しゅようこくしゅのうかいぎ》。
②代表者《だいひょうしゃ》たちによる会議《かいぎ》。

❼ **エキスパート**
ある分野《ぶんや》において、高《たか》い技術《ぎじゅつ》や知識《ちしき》をもっている人《ひと》。専門家《せんもんか》。

❽ **テクノロジー**
科学技術《かがくぎじゅつ》。

❾ **リスク**
危険《きけん》。

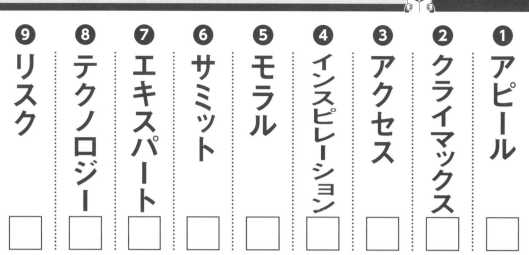

学習日《がくしゅうび》 月 日

左《ひだり》ページ(57ページ)のこたえ

㋐エスカレート ㋑ピンチ ㋒ジンクス ㋓ニュアンス ㋔ノンフィクション
㋕クレーム ㋖ワースト ㋗カルチャー ㋘プライバシー

学力《がくりょく》アップ！

「ノンフィクション」に対《たい》し、架空《かくう》の物語《ものがたり》を「フィクション」という。

ステップ1

意味《いみ》のわかる言葉《ことば》に、チェックを入《い》れよう(☑)。

❶ ワースト □
❷ ニュアンス □
❸ ノンフィクション □
❹ エスカレート □
❺ クレーム □
❻ ピンチ □
❼ ジンクス □
❽ カルチャー □
❾ プライバシー □

ステップ2

(　)に当《あ》てはまる言葉《ことば》を上《うえ》から選《えら》び、文章《ぶんしょう》を完成《かんせい》させよう。

ア 要求《ようきゅう》が(　　　)する。
イ (　　　)に追《お》いこまれる。
ウ 不吉《ふきつ》な(　　　)を気《き》にする。
エ (　　　)がうまく伝《つた》わらない。
オ 彼女《かのじょ》は有名《ゆうめい》な(　　　)作家《さっか》です。
カ 客《きゃく》から(　　　)を受《う》ける。
キ (　　　)記録《きろく》を更新《こうしん》してしまった。
ク 文化《ぶんか》の違《ちが》いによる考《かんが》え方《かた》の違《ちが》いを「(　　　)ギャップ」という。
ケ (　　　)の保護《ほご》が問題《もんだい》になっている。

※こたえは右《みぎ》ページ下《した》

ステップ3

それぞれの言葉《ことば》の意味《いみ》を、しっかりおぼえよう。

❶ **ワースト**
最低《さいてい》。最悪《さいあく》。

❷ **ニュアンス**
意味《いみ》や感情《かんじょう》などの、ちょっとした違《ちが》い。

❸ **ノンフィクション**
伝記《でんき》や紀行文《きこうぶん》など、事実《じじつ》をもとにして書《か》かれた文《ぶん》学作品《がくさくひん》。

❹ **エスカレート**
段階的《だんかいてき》に大《おお》きくなったり、激《はげ》しくなったりすること。

❺ **クレーム**
苦情《くじょう》。

❻ **ピンチ**
苦《くる》しい立場《たちば》。

❼ **ジンクス**
縁起《えんぎ》の悪《わる》い言《い》い伝《つた》え。縁《えん》起《ぎ》の悪《わる》いもの。(最近《さいきん》では、よい意味《いみ》でも使《つか》われるようになっている)

❽ **カルチャー**
①文化《ぶんか》。
②教養《きょうよう》。

❾ **プライバシー**
個人的《こじんてき》なことがら。また、それを他人《たにん》から干渉《かんしょう》されない権利《けんり》。

学習日《がくしゅうび》 　月　　日

学《まな》んだ語彙数《ごいすう》 477〜485

右《みぎ》ページ(56ページ)のこたえ

アクライマックス　イエキスパート　ウサミット　エインスピレーション
オアクセス　カテクノロジー　キアピール　クリスク　ケモラル

学力《がくりょく》アップ!

「クライマックス」と似《に》た意味《いみ》の言葉《ことば》に、「最高潮《さいこうちょう》」がある。

ステップ1

意味《いみ》のわかる言葉《ことば》に、チェックを入《い》れよう(☑)。

❶ マスメディア □
❷ パイオニア □
❸ コスト □
❹ プライド □
❺ インパクト □
❻ リニューアル □
❼ メリット □
❽ エピソード □

ステップ2

(　)に当《あ》てはまる言葉《ことば》を上《うえ》から選《えら》び、文章《ぶんしょう》を完成《かんせい》させよう。

ア 幼少時《ようしょうじ》の(　　)を聞《き》く。
イ 店《みせ》が(　　)した。
ウ (　　)から得《え》た情報《じょうほう》。
エ 首相《しゅしょう》の(　　)のある発言《はつげん》は、国民《こくみん》を大《おお》いに驚《おどろ》かせた。
オ ライト兄弟《きょうだい》は飛行機開発《ひこうきかいはつ》の(　　)的存在《てきそんざい》だ。
カ それを製造《せいぞう》するには、(　　)がかかりすぎる。
キ (　　)を捨《す》てて、頭《あたま》を下《さ》げる。
ク (　　)を説明《せつめい》し、協力《きょうりょく》してもらう。

※こたえはこのページ下《した》

ステップ3

それぞれの言葉《ことば》の意味《いみ》を、しっかりおぼえよう。

❶ **マスメディア** たくさんの情報《じょうほう》を不特定《ふとくてい》多数《たすう》の人《ひと》に伝《つた》える、新聞《しんぶん》、雑誌《ざっし》、テレビなど。
❷ **パイオニア** ほかの人《ひと》に先立《さきだ》ってはじめた人《ひと》。先駆者《せんくしゃ》。
❸ **コスト** あるものをつくるために必要《ひつよう》な費用《ひよう》。
❹ **プライド** 自分《じぶん》に対《たい》する自信《じしん》。自分《じぶん》を立派《りっぱ》だと思《おも》う気持《きも》ち。自尊心《じそんしん》。
❺ **インパクト** 衝撃《しょうげき》。強《つよ》い印象《いんしょう》や影響《えいきょう》。
❻ **リニューアル** 新《あたら》しくつくり直《なお》して、再生《さいせい》すること。
❼ **メリット** 有利《ゆうり》な点《てん》。価値《かち》。
❽ **エピソード** ①あまり知《し》られていない話《はなし》。②本筋《ほんすじ》のあいだにはさみこまれた短《みじか》い話《はなし》。

学習日《がくしゅうび》　月　日

このページ(58ページ)のこたえ

アエピソード　イリニューアル　ウマスメディア　エインパクト　オパイオニア　カコスト　キプライド　クメリット

学力《がくりょく》アップ!

「メリット」の対義語《たいぎご》は「デメリット」。

1章《しょう》 復習《ふくしゅう》テスト

学習日《がくしゅうび》　　月　　日

40問中《もんちゅう》　　問正解《もんせいかい》
（35問以上《もんいじょう》で合格《ごうかく》!）

1

（　）に入《はい》るもっとも適切《てきせつ》な言葉《ことば》をそれぞれ選《えら》びましょう。

① 難色《なんしょく》を（　　）。〔示《しめ》す　投《な》げる　きざむ〕

② 空腹《くうふく》を（　　）。〔たとえる　満《み》たす　設《もう》ける〕

③ 最高潮《さいこうちょう》に（　　）。〔持《も》ち直《なお》す　ばれる　達《たっ》する〕

④ 不服《ふふく》を（　　）。〔めぐる　むせる　となえる〕

⑤ 大団円《だいだんえん》を（　　）。〔おどる　むかえる　たたく〕

⑥ 持久戦《じきゅうせん》に（　　）。〔持《も》ちこむ　ふくらむ　覚《おぼ》える〕

2

次《つぎ》の文章《ぶんしょう》の太字部分《ふとじぶぶん》は、漢字《かんじ》でどのように書《か》くでしょうか。正《ただ》しいほうに○をつけましょう。

① パソコンを使《つか》って情報《じょうほう》を**シュウシュウ**する。〔収拾・収集〕

② その質問《しつもん》には、明日《あす》までに**カイトウ**します。〔回答・解答〕

③ 素材《そざい》の**トクセイ**を十分《じゅうぶん》にいかす。〔特性・特製〕

④ イベントはたいへん**コウヒョウ**だった。〔公表・好評〕

⑤ 酢《す》には疲《つか》れをとる**コウヨウ**があるという。〔効用・公用〕

⑥ 教室《きょうしつ》の窓《まど》をすべて**カイホウ**する。〔解放・開放〕

⑦ ダムの**ヨウリョウ**を調《しら》べる。〔用量・容量〕

※次《つぎ》のページに続《つづ》きます。

3 次《つぎ》の言葉《ことば》の対義語《たいぎご》をあとから選《えら》び、漢字《かんじ》に直《なお》して書《か》きましょう。

① 不作《ふさく》 ↔ （　　）
② 当選《とうせん》 ↔ （　　）
③ 完成《かんせい》 ↔ （　　）
④ 義務《ぎむ》 ↔ （　　）
⑤ 現実《げんじつ》 ↔ （　　）
⑥ 需要《じゅよう》 ↔ （　　）
⑦ 初日《しょにち》 ↔ （　　）
⑧ 満腹《まんぷく》 ↔ （　　）
⑨ 本名《ほんみょう》 ↔ （　　）
⑩ 浪費《ろうひ》 ↔ （　　）

みかん　りそう　くうふく　ほうさく
きょうきゅう　らくせん　せんしゅうらく
つうしょう　せつやく　けんり

4 次《つぎ》の言葉《ことば》は、意味《いみ》の間違《まちが》いやすい言葉《ことば》です。アとイの文章《ぶんしょう》で、言葉《ことば》を正《ただ》しく使《つか》っているほうに○をつけましょう。

① **役不足《やくぶそく》**
ア この大事《だいじ》な役目《やくめ》は、彼《かれ》では役不足《やくぶそく》だろう。
イ こんな簡単《かんたん》な役目《やくめ》は、彼《かれ》には役不足《やくぶそく》だろう。

② **人見知《ひとみし》り**
ア ぼくは人見知《ひとみし》りなので、知《し》らない人《ひと》に話《はな》しかけられません。
イ ぼくは人見知《ひとみし》りなので、だれとでもすぐ仲良《なかよ》くなれます。

③ **早合点《はやがてん》**
ア 早合点《はやがてん》して、ほめられた。
イ 早合点《はやがてん》して、失敗《しっぱい》した。

④ **過不足《かふそく》**
ア 見《み》てきたことを、過不足《かふそく》なく話《はな》す。
イ 買《か》い物《もの》をしすぎて、財布《さいふ》の中《なか》が過不足《かふそく》になる。

5

?の中《なか》に共通《きょうつう》する漢字《かんじ》を入《い》れて、言葉《ことば》を完成《かんせい》させましょう。

① 口《こう》?　?績《せき》　史《し》?　?情《じょう》
共通《きょうつう》して入《はい》る漢字《かんじ》は（　　）

② ?共《きょう》　?衆《しゅう》　?表《ひょう》　?害《がい》
共通《きょうつう》して入《はい》る漢字《かんじ》は（　　）

③ 内《ない》?　放《ほう》?　腹《ふく》?　?当《あ》たり
共通《きょうつう》して入《はい》る漢字《かんじ》は（　　）

④ 自《じ》?　?宝《ほう》　尊《そん》?　?圧《あつ》
共通《きょうつう》して入《はい》る漢字《かんじ》は（　　）

⑤ ?帰《き》　?旧《きゅう》　?調《ちょう》　?興《こう》
共通《きょうつう》して入《はい》る漢字《かんじ》は（　　）

6

次《つぎ》の言葉《ことば》と同《おな》じ意味《いみ》の外来語《がいらいご》をあとから選《えら》びましょう。

① 文化《ぶんか》（　　）
② 利点《りてん》（　　）
③ 道徳《どうとく》（　　）
④ 専門家《せんもんか》（　　）
⑤ 自尊心《じそんしん》（　　）
⑥ 科学技術《かがくぎじゅつ》（　　）
⑦ 費用《ひよう》（　　）
⑧ 危険《きけん》（　　）

プライド
モラル
エキスパート
リスク
テクノロジー
カルチャー
メリット
コスト

「1章《しょう》 復習《ふくしゅう》テスト」のこたえは136ページにあります。

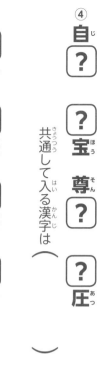

学《まな》んだ語彙数《ごいすう》 494〜501

ステップ1

意味《いみ》のわかる言葉《ことば》に、チェックを入《い》れよう（☑）。

❶ あどけない □
❷ しのぐ □
❸ みくびる □
❹ めったに □
❺ もくろむ □
❻ つかさどる □
❼ わずらわしい □
❽ 構《かま》える □

ステップ2

（　）に当《あ》てはまる言葉《ことば》を上《うえ》から選《えら》び、文章《ぶんしょう》を完成《かんせい》させよう。

㋐ いろいろな手続《てつづ》きが（　　　）。
㋑ この花《はな》は、（　　　）見《み》ることができない。
㋒ たいしたことないと、敵《てき》を（　　　）。
㋓ 海外進出《かいがいしんしゅつ》を（　　　）。
㋔ 郊外《こうがい》に家《いえ》を（　　　）。
㋕ 国会議員《こっかいぎいん》は、国《くに》の政治《せいじ》を（　　　）。
㋖ 赤《あか》ちゃんの（　　　）笑顔《えがお》。
㋗ 彼女《かのじょ》の体力《たいりょく》は、並《な》みの男性《だんせい》を（　　　）。

※こたえは左《ひだり》ページ下《した》

ステップ3

それぞれの言葉《ことば》の意味《いみ》を、しっかりおぼえよう。

❶ **あどけない**
悪《わる》い感《かん》じがせず、かわいい。

❷ **しのぐ**
①能力《のうりょく》などが、ほかよりまさる。
②困難《こんなん》にたえ、乗《の》り切《き》る。

❸ **みくびる**
相手《あいて》を軽《かる》く見《み》て、ばかにする。

❹ **めったに**
ほとんど。

❺ **もくろむ**
事前《じぜん》に計画《けいかく》を立《た》てる。たくらむ。

❻ **つかさどる**
①ある仕事《しごと》や役目《やくめ》を担当《たんとう》する。
②支配《しはい》する。管理《かんり》する。

❼ **わずらわしい**
①面倒《めんどう》で、できればやりたくない。
②複雑《ふくざつ》で、手間《てま》がかかる。

❽ **構《かま》える**
①組《く》み立《た》てる。つくり上《あ》げる。
②準備《じゅんび》する。
③計画《けいかく》する。
④身構《みがま》える。

学習日《がくしゅうび》　　月　　日

左《ひだり》ページ（63ページ）のこたえ

㋐大《おお》らか　㋑かばう　㋒しぶる　㋓ようやく　㋔返《かえ》す返《がえ》す　㋕やみくも　㋖なだらか　㋗あわただしい　㋘人知《ひとし》れず

学力《がくりょく》アップ！

「やみくも」は、「闇《やみ》（くらやみのこと）の中《なか》で雲《くも》をつかむ」の意《い》から。

ステップ1 意味《いみ》のわかる言葉《ことば》に、チェックを入《い》れよう（☑）。

❶ あわただしい □
❷ 返《かえ》す返《がえ》す □
❸ かばう □
❹ しぶる □
❺ なだらか □
❻ やみくも □
❼ 大《おお》らか □
❽ ようやく □
❾ 人《ひと》知《し》れず □

ステップ2 （　）に当《あ》てはまる言葉《ことば》を上《うえ》から選《えら》び、文章《ぶんしょう》を完成《かんせい》させよう。

ア いらいらせず、（　　）な気持《きも》ちをもとう。
イ ミスをした弟《おとうと》を（　　）。
ウ 雨《あめ》が降《ふ》ってきたので、妹《いもうと》が外出《がいしゅつ》を（　　）。
エ 朝《あさ》から歩《ある》き続《つづ》けた結果《けっか》、（　　）目的地《もくてきち》が見《み》えてきた。
オ 彼《かれ》が来《こ》られないのは、（　　）残念《ざんねん》だ。
カ （　　）にページをめくる。
キ （　　）な坂《さか》が続《つづ》く。
ク （　　）朝《あさ》がはじまる。
ケ だれにも相談《そうだん》できず、（　　）なやむ。

※こたえは右《みぎ》ページ下《した》

学《まな》んだ語彙数《ごいすう》 502〜510

ステップ3 それぞれの言葉《ことば》の意味《いみ》を、しっかりおぼえよう。

❶ **あわただしい** いそがしくて、落《お》ち着《つ》きがないようす。
❷ **返《かえ》す返《がえ》す** ①本当《ほんとう》に。どう考《かんが》えても。②何度《なんど》も。かさねがさね。
❸ **かばう** 弱《よわ》い立場《たちば》にある人《ひと》などを、助《たす》け守《まも》る。
❹ **しぶる** ①気《き》が進《すす》まず、嫌《いや》がる。②物事《ものごと》がすらすらと進《すす》まない。
❺ **なだらか** 傾斜《けいしゃ》（かたむき）のゆるやかなようす。
❻ **やみくも** 見当《けんとう》をつけず、むやみに行動《こうどう》するようす。
❼ **大《おお》らか** 心《こころ》が大《おお》きくて、ゆったりとしたようす。
❽ **ようやく** ①やっとのことで。②しだいに。
❾ **人《ひと》知《し》れず** 人《ひと》にわからないように。

学習日《がくしゅうび》　月　日

右《みぎ》ページ（62ページ）のこたえ

ア わずらわしい　イ めったに　ウ みくびる　エ もくろむ　オ 構《かま》える　カ つかさどる　キ あどけない　ク しのぐ

学力《がくりょく》アップ！

「もくろむ」は、漢字《かんじ》では「目論《もくろ》む」と書《か》く。

ステップ1 意味《いみ》のわかる言葉《ことば》に、チェックを入《い》れよう（☑）。

1. 主観的《しゅかんてき》 □
2. 客観的《きゃっかんてき》 □
3. 明《あ》けくれる □
4. いそいそ □
5. からくも □
6. にじり寄《よ》る □
7. むしろ □
8. ゆだねる □
9. 我《われ》に返《かえ》る □

ステップ2 （　）に当《あ》てはまる言葉《ことば》を上《うえ》から選《えら》び、文章《ぶんしょう》を完成《かんせい》させよう。

ア （　　）逃《に》げ切《き》った。

イ ここで失敗《しっぱい》したのは、（　　）好都合《こうつごう》だ。

ウ みんなに理解《りかい》してもらうには、（　　）な視点《してん》が必要《ひつよう》だ。

エ 座《すわ》っていた男《おとこ》が、ぼくに（　　）。

オ （　　）と出《で》かける。

カ 仕事《しごと》を部下《ぶか》に（　　）。

キ （　　）な意見《いけん》ですが、私《わたし》はみなさんの考《かんが》えに反対《はんたい》です。

ク 背中《せなか》をたたかれ、（　　）。

ケ 日々《ひび》、研究《けんきゅう》に（　　）。

※こたえは左《ひだり》ページ下《した》

ステップ3 それぞれの言葉《ことば》の意味《いみ》を、しっかりおぼえよう。

1. **主観的《しゅかんてき》**
自分《じぶん》ひとりの考《かんが》え方《かた》や感《かん》じ方《かた》にもとづくようす。

2. **客観的《きゃっかんてき》**
自分《じぶん》の考《かんが》えをいれず、一《いっ》般的《ぱんてき》な立場《たちば》で物事《ものごと》を考《かんが》えたり、見《み》たりするようす。

3. **明《あ》けくれる**
①熱中《ねっちゅう》して、そのことばかりする。
②月日《つきひ》がすぎる。

4. **いそいそ**
気分《きぶん》がよくて、動《うご》きがはずんでいるようす。

5. **からくも**
ぎりぎりのところで。どうにかやっと。

6. **にじり寄《よ》る**
座《すわ》ったままの状態《じょうたい》で、少《すこ》しずつ近《ちか》づく。

7. **むしろ**
どちらかというと。

8. **ゆだねる**
信頼《しんらい》して、すっかりまかせる。

9. **我《われ》に返《かえ》る**
①意識《いしき》を取《と》りもどす。
②正常《せいじょう》な心《こころ》の状態《じょうたい》にもどる。

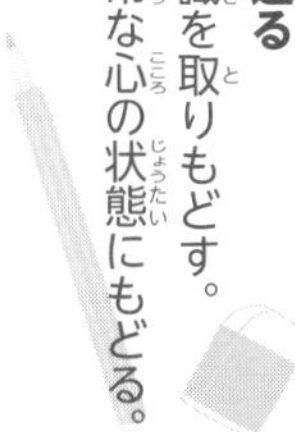

学《まな》んだ語彙数《ごいすう》 511～519

学習日《がくしゅうび》　月　日

左《ひだり》ページ（65ページ）のこたえ

ア知《し》らず知《し》らず　イ後《うし》ろめたい　ウ厳重《げんじゅう》　エあざける　オ冷静《れいせい》　カ何《なん》となく　キ案《あん》の定《じょう》　ク容易《ようい》　ケ高圧的《こうあつてき》

学力《がくりょく》アップ！

「容易《ようい》」の対義語《たいぎご》は「困難《こんなん》」。

学《まな》んだ語彙数《ごいすう》 520～528

ステップ1

意味《いみ》のわかる言葉《ことば》に、チェックを入《い》れよう(☑)。

1 あざける □
2 案《あん》の定《じょう》 □
3 容易《ようい》 □
4 後《うし》ろめたい □
5 知《し》らず知《し》らず □
6 何《なん》となく □
7 厳重《げんじゅう》 □
8 高圧的《こうあつてき》 □
9 冷静《れいせい》 □

ステップ2

(　)に当《あ》てはまる言葉《ことば》を上《うえ》から選《えら》び、文章《ぶんしょう》を完成《かんせい》させよう。

ア (　　　　)のうちに、涙《なみだ》を流《なが》していた。
イ 学校《がっこう》をずる休《やす》みして、(　　　　)気持《きも》ちになる。
ウ 戸《と》じまりを(　　　　)にして、出《で》かける。
エ 人《ひと》を(　　　　)のはよくない。
オ (　　　　)な判断《はんだん》で友《とも》を救《すく》う。
カ 朝《あさ》から(　　　　)、嫌《いや》な予感《よかん》がしていた。
キ (　　　　)、彼《かれ》は来《こ》なかった。
ク (　　　　)に答《こた》えが出《で》ない。
ケ 彼《かれ》がこわがられているのは、(　　　　)な態度《たいど》が原因《げんいん》だ。

※こたえは右《みぎ》ページ下《した》

ステップ3

それぞれの言葉《ことば》の意味《いみ》を、しっかりおぼえよう。

1 **あざける** 自分《じぶん》よりおとっているとみて、笑《わら》う。
2 **案《あん》の定《じょう》** 思《おも》ったとおり。
3 **容易《ようい》** 簡単《かんたん》なようす。
4 **後《うし》ろめたい** 悪《わる》いことをして、心《こころ》がひるむようす。
5 **知《し》らず知《し》らず** それをやろうとしてやるのではなく、いつのまにか、ある行動《こうどう》をしたり、ある状態《じょうたい》になっていたりするようす。
6 **何《なん》となく** はっきりとした理由《りゆう》や目的《もくてき》がないようす。
7 **厳重《げんじゅう》** いいかげんでなく、厳《きび》しくおこなうようす。
8 **高圧的《こうあつてき》** 態度《たいど》や言《い》い方《かた》が、相手《あいて》をおさえつけ、したがわせようとするようす。
9 **冷静《れいせい》** 感情的《かんじょうてき》にならず、落《お》ち着《つ》いているようす。

学習日《がくしゅうび》　　月　　日

右《みぎ》ページ(64ページ)のこたえ

アからくも　イむしろ　ウ客観的《きゃっかんてき》　エにじり寄《よ》る　オいそいそ　カゆだねる　キ主観的《しゅかんてき》　ク我《われ》に返《かえ》る　ケ明《あ》けくれる

学力《がくりょく》アップ！

「主観的《しゅかんてき》」と「客観的《きゃっかんてき》」は、対義語《たいぎご》の関係《かんけい》にある。

学《まな》んだ語彙数《ごいすう》 529〜537

意味《いみ》のわかる言葉《ことば》に、チェックを入《い》れよう(☑)。 ステップ1

❶ 過小《かしょう》 □

❷ 過大《かだい》 □

❸ 過少《かしょう》 □

❹ 過多《かた》 □

❺ すたれる □

❻ ぬぐう □

❼ よそおう □

❽ わざわざ □

❾ 差《さ》し支《つか》える □

( )に当《あ》てはまる言葉《ことば》を上《うえ》から選《えら》び、文章《ぶんしょう》を完成《かんせい》させよう。 ステップ2

㋐ この( )な金額《きんがく》では、計画《けいかく》はうまくいかないだろう。

㋑ しっかり寝《ね》ておかないと、明日《あす》の仕事《しごと》に( )。

㋒ そのような( )な要求《ようきゅう》は、みとめられないはずだ。

㋓ 私《わたし》に会《あ》うため、( )遠《とお》くからやって来《き》てくれた。

㋔ 自分《じぶん》を( )評価《ひょうか》せず、もっと自信《じしん》をもとう。

㋕ 手《て》で汗《あせ》を( )。

㋖ 人口《じんこう》( )による土地不足《とちぶそく》。

㋗ 痛《いた》くても、平気《へいき》を( )。

㋘ 流行《りゅうこう》が( )。

※こたえは左《ひだり》ページ下《した》

それぞれの言葉《ことば》の意味《いみ》を、しっかりおぼえよう。 ステップ3

❶ **過小《かしょう》**
小《ちい》さすぎて、実際《じっさい》の程度《ていど》と合《あ》わないようす。

❷ **過大《かだい》**
大《おお》きすぎて、実際《じっさい》の程度《ていど》と合《あ》わないようす。

❸ **過少《かしょう》**
数《かず》や量《りょう》などが、少《すく》なすぎるようす。

❹ **過多《かた》**
数《かず》や量《りょう》などが、多《おお》すぎるようす。

❺ **すたれる**
①使《つか》われなくなる。
②栄《さか》えていたものが、おとろえる。

❻ **ぬぐう**
水分《すいぶん》やよごれを、ふいてきれいにする。

❼ **よそおう**
①身《み》なりや見《み》た目《め》をととのえる。
②ふりをする。

❽ **わざわざ**
何《なに》かのついでにやるのではなく、そのことだけのために、とくにやること。

❾ **差《さ》し支《つか》える**
都合《つごう》の悪《わる》いことになる。

学習日《がくしゅうび》 月 日

左《ひだり》ページ(67ページ)のこたえ

㋐うながす ㋑あやふや ㋒くどくど ㋓練《ね》り歩《ある》く ㋔ひるがえす ㋕よちよち ㋖うんざり ㋗おどおど ㋘よそよそしい

学力《がくりょく》アップ!

「おどおど」「くどくど」など状態《じょうたい》などを音声《おんせい》にたとえて表現《ひょうげん》した語《ご》を「擬態語《ぎたいご》」という。

ステップ1

意味《いみ》のわかる言葉《ことば》に、チェックを入《い》れよう(☑)。

❶ くどくど □
❷ おどおど □
❸ よちよち □
❹ うながす □
❺ 練《ね》り歩《ある》く □
❻ よそよそしい □
❼ うんざり □
❽ あやふや □
❾ ひるがえす □

ステップ2

(　)に当《あ》てはまる言葉《ことば》を上《うえ》から選《えら》び、文章《ぶんしょう》を完成《かんせい》させよう。

ア あやまるように、友《とも》を(　　)。
イ 当時《とうじ》の記憶《きおく》が(　　)だ。
ウ 何度《なんど》も同《おな》じ話《はなし》を(　　)説明《せつめい》され、嫌《いや》になる。
エ 祭《まつ》りの日《ひ》には、ちょうちん行列《ぎょうれつ》が町《まち》を(　　)。
オ 昨日《きのう》の発言《はつげん》を(　　)。
カ (　　)歩《ある》きのかわいい幼児《ようじ》。
キ 自慢話《じまんばなし》に(　　)する。
ク 大勢《おおぜい》の人《ひと》の前《まえ》に出《で》ると、(　　)してしまう。
ケ 彼《かれ》の態度《たいど》が、昨日《きのう》から(　　)。

※こたえは右《みぎ》ページ下《した》

ステップ3

それぞれの言葉《ことば》の意味《いみ》を、しっかりおぼえよう。

❶ **くどくど** うるさく、しつこく何度《なんど》も言《い》うようす。
❷ **おどおど** 不安《ふあん》や恐怖《きょうふ》で、落《お》ち着《つ》いていられないようす。
❸ **よちよち** 幼児《ようじ》などが、危《あぶ》なっかしい足取《あしど》りで歩《ある》くようす。
❹ **うながす** 早《はや》くするよう、急《いそ》がせる。
❺ **練《ね》り歩《ある》く** 列《れつ》になって、ゆっくり調子《ちょうし》をあわせて歩《ある》く。
❻ **よそよそしい** 他人《たにん》に対《たい》するように、親《した》しみがないようす。
❼ **うんざり** すっかりあきてしまい、嫌《いや》になるようす。
❽ **あやふや** 物事《ものごと》がはっきりしないようす。
❾ **ひるがえす** ①態度《たいど》や考《かんが》えなどを、急《きゅう》に変《か》える。②旗《はた》などを、風《かぜ》になびかせる。③裏返《うらがえ》す。

学《まな》んだ語彙数《ごいすう》 538～546

学習日《がくしゅうび》　月　日

右《みぎ》ページ(66ページ)のこたえ

ア過少《かしょう》　イ差《さ》し支《つか》える　ウ過大《かだい》　エわざわざ　オ過小《かしょう》　カぬぐう　キ過多《かた》　クよそおう　ケすたれる

学力《がくりょく》アップ！

「過小《かしょう》」の対義語《たいぎご》は「過大《かだい》」、「過少《かしょう》」の対義語《たいぎご》は「過多《かた》」。

ステップ1

意味《いみ》のわかる言葉《ことば》に、チェックを入《い》れよう(☑)。

❶ 簡略《かんりゃく》 □
❷ あたかも □
❸ うわずる □
❹ 楽観的《らっかんてき》 □
❺ 悲観的《ひかんてき》 □
❻ 束《たば》ねる □
❼ 乗《の》り切《き》る □
❽ そぐわない □
❾ あつかましい □

ステップ2

(　)に当《あ》てはまる言葉《ことば》を上《うえ》から選《えら》び、文章《ぶんしょう》を完成《かんせい》させよう。

ア (　　)化《か》して説明《せつめい》する。
イ パーティーに(　　)服《ふく》。
ウ 気力《きりょく》でピンチを(　　)。
エ 強力《きょうりょく》なリーダーシップで、チームをひとつに(　　)。
オ 緊張《きんちょう》して声《こえ》が(　　)。
カ 大丈夫《だいじょうぶ》だと、(　　)に考《かんが》える。
キ 彼女《かのじょ》は(　　)滝《たき》のような涙《なみだ》を流《なが》していた。
ク 礼《れい》も言《い》わないとは、なんて(　　)男《おとこ》だ。
ケ (　　)にならないで、よい報告《ほうこく》を期待《きたい》しようよ。

※こたえは左《ひだり》ページ下《した》

ステップ3

それぞれの言葉《ことば》の意味《いみ》を、しっかりおぼえよう。

❶ **簡略《かんりゃく》** 細《こま》かいことは省略《しょうりゃく》し、簡《かん》単《たん》にするようす。
❷ **あたかも** まるで。
❸ **うわずる** ①興奮《こうふん》などで、声《こえ》がいつもより高《たか》く、変《へん》な感《かん》じになる。②落着《おちつ》きがなくなる。
❹ **楽観的《らっかんてき》** 物事《ものごと》がうまくいくと考《かんが》え、心配《しんぱい》しないようす。
❺ **悲観的《ひかんてき》** 物事《ものごと》がうまくいかないと考《かんが》え、力《ちから》を落《お》とすようす。
❻ **束《たば》ねる** ①細長《ほそなが》いものをひとつにまとめる。②人《ひと》をまとめ、ひきいる。
❼ **乗《の》り切《き》る** 苦《くる》しい状況《じょうきょう》から、やっとのことで逃《のが》れでる。
❽ **そぐわない** ふさわしくない。
❾ **あつかましい** ずうずうしくて、遠慮《えんりょ》やつつしみがない。

左《ひだり》ページ(69ページ)のこたえ

アせがむ　イはき違《ちが》える　ウ食《く》い止《と》める　エきびきび　オよりによって　カ簡素《かんそ》　キけげん　ク際立《きわだ》つ　ケ降《ふ》りしきる

学力《がくりょく》アップ！

「よりによって」は、相手《あいて》の選択《せんたく》に対《たい》し、非難《ひなん》の気持《きも》ちをこめて使《つか》う言葉《ことば》。

学《まな》んだ語彙数《ごいすう》 556〜564

ステップ1

意味《いみ》のわかる言葉《ことば》に、チェックを入《い》れよう（☑）。

❶ 際立《きわだ》つ □

❷ きびきび □

❸ 降《ふ》りしきる □

❹ 食《く》い止《と》める □

❺ けげん □

❻ せがむ □

❼ はき違《ちが》える □

❽ よりによって □

❾ 簡素《かんそ》 □

ステップ2

（　）に当《あ》てはまる言葉《ことば》を上《うえ》から選《えら》び、文章《ぶんしょう》を完成《かんせい》させよう。

ア おもちゃを買《か》ってと、子《こ》どもが（　　）。

イ 自由《じゆう》の意味《いみ》を（　　）。

ウ 新《あたら》しいサービスを導入《どうにゅう》して、客《きゃく》の減少《げんしょう》を（　　）。

エ 早《はや》く終《お》わらせるため、（　　）動《うご》く。

オ （　　）、こんな時《とき》に……。

カ 派手《はで》な外観《がいかん》に反《はん》し、内部《ないぶ》は（　　）な造《つく》りだった。

キ （　　）な顔《かお》つきで見《み》る。

ク 並《なら》べると違《ちが》いが（　　）。

ケ （　　）雨《あめ》の中《なか》を、車《くるま》が走《はし》っていく。

※こたえは右《みぎ》ページ下《した》

ステップ3

それぞれの言葉《ことば》の意味《いみ》を、しっかりおぼえよう。

❶ **際立《きわだ》つ**
ほかのものと比《くら》べると、はっきりとした違《ちが》いがあり、とくに目立《めだ》つ。

❷ **きびきび**
動《うご》きや話《はな》し方《かた》に、活気《かっき》があって、気持《きも》ちのよいようす。

❸ **降《ふ》りしきる**
雨《あめ》や雪《ゆき》などが、休《やす》みなく盛《さか》んに降《ふ》る。

❹ **食《く》い止《と》める**
物事《ものごと》がそれ以上進行《いじょうしんこう》しないよう、ふせぎ止《と》める。

❺ **けげん**
その場《ば》の状況《じょうきょう》がよく理解《りかい》できず、納得《なっとく》がいかないようす。

❻ **せがむ**
しつこく頼《たの》む。

❼ **はき違《ちが》える**
①考《かんが》え違《ちが》いをする。
②ほかの人《ひと》の履物《はきもの》や、履《はき》物《もの》の左右《さゆう》を間違《まちが》えてはく。

❽ **よりによって**
ほかにもっと、よい選《えら》び方《かた》があるだろうに。

❾ **簡素《かんそ》**
簡単《かんたん》でかざりけのないこと。

学習日《がくしゅうび》　　月　　日

右《みぎ》ページ（68ページ）のこたえ
ア簡略《かんりゃく》　イそぐわない　ウ乗《の》り切《き》る　エ束《たば》ねる　オうわずる　カ楽観的《らっかんてき》　キあたかも　クあつかましい　ケ悲観的《ひかんてき》

学力《がくりょく》アップ！
「あたかも」は、似《に》ている物事《ものごと》にたとえる際《さい》に使《つか》う言葉《ことば》。

ステップ1 意味《いみ》のわかる言葉《ことば》に、チェックを入《い》れよう（☑）。

1. おくゆかしい □
2. くじける □
3. 口《くち》ごもる □
4. 口《くち》ずさむ □
5. 均等《きんとう》 □
6. すかさず □
7. あさはか □
8. ただならぬ □
9. たらふく □

学《まな》んだ語彙数《ごいすう》 565〜573

ステップ2 （　）に当《あ》てはまる言葉《ことば》を上《うえ》から選《えら》び、文章《ぶんしょう》を完成《かんせい》させよう。

ア 彼女《かのじょ》の（　　）人《ひと》がらに、心《こころ》が引《ひ》かれる。

イ 突然《とつぜん》話《はな》しかけられ（　　）。

ウ 寿司《すし》を（　　）食《た》べる。

エ 質問《しつもん》に（　　）答《こた》える。

オ 自分《じぶん》の（　　）な考《かんが》えを反省《はんせい》する。

カ 何度《なんど》も失敗《しっぱい》して（　　）。

キ とびらの向《む》こうから、（　　）気配《けはい》を感《かん》じる。

ク ケーキを（　　）に分《わ》ける。

ケ CM《シーエム》で流《なが》れていた歌《うた》を（　　）。

※こたえは左《ひだり》ページ下《した》

ステップ3 それぞれの言葉《ことば》の意味《いみ》を、しっかりおぼえよう。

1. **おくゆかしい** 上品《じょうひん》でつつしみ深《ぶか》いようす。
2. **くじける** 勢《いきお》い、気力《きりょく》、意欲《いよく》などが、弱《よわ》る。
3. **口《くち》ごもる** ①言《い》いづらいことがあり、なかなか言《い》わない。②声《こえ》が口《くち》の中《なか》にこもって、はっきりしない状態《じょうたい》である。
4. **口《くち》ずさむ** 思《おも》い浮《う》かんだままに、歌《うた》や詩《し》などを小声《こごえ》で歌《うた》ったり、言《い》ったりすること。
5. **均等《きんとう》** ふたつ以上《いじょう》のもののあいだが、平等《びょうどう》で差《さ》がない。
6. **すかさず** すぐに行動《こうどう》するようす。
7. **あさはか** 考《かんが》えの足《た》りないようす。
8. **ただならぬ** 普通《ふつう》でない。
9. **たらふく** たくさん食《た》べたり、飲《の》んだりするようす。

学習日《がくしゅうび》 　月　日

左《ひだり》ページ（71ページ）のこたえ

ア いかつい　イ おびただしい　ウ 切《せつ》ない　エ 急《せ》き立《た》てる　オ はためく
カ 晴《は》れやか　キ そこねる　ク 重厚《じゅうこう》　ケ さしずめ

学力《がくりょく》アップ！

「さしずめ」を②の意味《いみ》で使用《しよう》した例文《れいぶん》→「さしずめ彼女《かのじょ》は、クラスのアイドルだ」

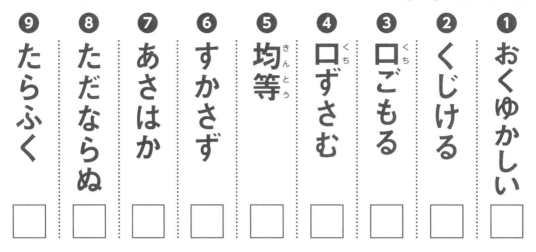

ステップ1

意味《いみ》のわかる言葉《ことば》に、チェックを入《い》れよう（☑）。

❶ はためく □
❷ いかつい □
❸ おびただしい □
❹ さしずめ □
❺ 重厚《じゅうこう》 □
❻ 切《せつ》ない □
❼ そこねる □
❽ 晴《は》れやか □
❾ 急《せ》き立《た》てる □

ステップ2

（　）に当《あ》てはまる言葉《ことば》を上《うえ》から選《えら》び、文章《ぶんしょう》を完成《かんせい》させよう。

ア 外見《がいけん》は（　　　）が、とても優《やさ》しい。
イ （　　　）数《かず》の鳥《とり》。
ウ 転校《てんこう》する友《とも》との別《わか》れは（　　　）。
エ 早《はや》く出発《しゅっぱつ》するように、妹《いもうと》を（　　　）。
オ 青空《あおぞら》に旗《はた》が（　　　）。
カ 今日《きょう》の空《そら》のように、ぼくの気持《きも》ちは（　　　）だ。
キ 機嫌《きげん》を（　　　）。
ク どっしりとした、（　　　）な作品《さくひん》。
ケ （　　　）それは必要《ひつよう》ない。

※こたえは右《みぎ》ページ下《した》

ステップ3

それぞれの言葉《ことば》の意味《いみ》を、しっかりおぼえよう。

❶ **はためく**
旗《はた》などが、風《かぜ》に吹《ふ》かれてひるがえるようす。

❷ **いかつい**
ごつごつして、かたいようす。

❸ **おびただしい**
数《かず》や量《りょう》が、非常《ひじょう》に多《おお》い。

❹ **さしずめ**
①今《いま》のところ。
②要《よう》するに。結局《けっきょく》のところ。

❺ **重厚《じゅうこう》**
態度《たいど》、状態《じょうたい》、性質《せいしつ》、外見《がいけん》などが、どっしりと落《お》ち着《つ》いているようす。

❻ **切《せつ》ない**
悲《かな》しさや恋《こい》しさで、苦《くる》しく、つらい。

❼ **そこねる**
①悪《わる》くする。
②失敗《しっぱい》する。

❽ **晴《は》れやか**
①晴《は》れわたったようす。
②さわやかで、気持《きも》ちがよいようす。

❾ **急《せ》き立《た》てる**
強《つよ》く、急《いそ》がせる。

学習日《がくしゅうび》　月　日

右《みぎ》ページ（70ページ）のこたえ

ア おくゆかしい　イ 口《くち》ごもる　ウ たらふく　エ すかさず　オ あさはか　カ くじける　キ ただならぬ　ク 均等《きんとう》　ケ 口《くち》ずさむ

学力《がくりょく》アップ！

「口《くち》ずさむ」の「ずさむ」の部分《ぶぶん》を漢字《かんじ》にすると、「口遊《くちずさ》む」となる。

ステップ1

意味《いみ》のわかる言葉《ことば》に、チェックを入《い》れよう（☑）。

❶ いたわる □
❷ くらます □
❸ 軽率《けいそつ》 □
❹ しおらしい □
❺ 終始《しゅうし》 □
❻ 干上《ひあ》がる □
❼ 強情《ごうじょう》 □
❽ そうそうたる □
❾ すこぶる □

ステップ2

（　）に当《あ》てはまる言葉《ことば》を上《うえ》から選《えら》び、文章《ぶんしょう》を完成《かんせい》させよう。

㋐（　　　）な彼《かれ》は、忠告《ちゅうこく》しても考《かんが》えを変《か》えない。
㋑ 父《ちち》は（　　　）だまったままだった。
㋒（　　　）な言動《げんどう》を後悔《こうかい》する。
㋓ 疲《つか》れている母《はは》を（　　　）。
㋔ 犯人《はんにん》がゆくえを（　　　）。
㋕ ダムの水《みず》が（　　　）。
㋖ 怒《おこ》られて、（　　　）態度《たいど》を見《み》せる。
㋗（　　　）元気《げんき》です。
㋘（　　　）メンバーがそろう。

※こたえは左《ひだり》ページ下《した》

ステップ3

それぞれの言葉《ことば》の意味《いみ》を、しっかりおぼえよう。

❶ **いたわる**
弱《よわ》い立場《たちば》の人《ひと》や苦労《くろう》している人《ひと》などに、親切《しんせつ》にする。

❷ **くらます**
①見《み》つからないように姿《すがた》をかくす。
②ごまかす。

❸ **軽率《けいそつ》**
よく考《かんが》えないで、軽々《かるがる》しくおこなうこと。

❹ **しおらしい**
ひかえめで、おとなしいようす。

❺ **終始《しゅうし》**
はじめから終《お》わりまで。

❻ **干上《ひあ》がる**
水分《すいぶん》がすっかりなくなる。

❼ **強情《ごうじょう》**
自分《じぶん》の考《かんが》えや言《い》ったことを、意地《いじ》を張《は》って変《か》えようとしないこと。また、そのようす。

❽ **そうそうたる**
多《おお》くの中《なか》で、とくに優《すぐ》れているようす。

❾ **すこぶる**
非常《ひじょう》に。とても。

左《ひだり》ページ（73ページ）のこたえ

㋐ぶり返《かえ》す　㋑気《き》さく　㋒しみじみ　㋓かん高《だか》い　㋔対照的《たいしょうてき》　㋕くるまる　㋖似《に》たり寄《よ》ったり　㋗質素《しっそ》　㋘すみやか

学力《がくりょく》アップ！

「似《に》たり寄《よ》ったり」と似《に》た意味《いみ》の四字熟語《よじじゅくご》に、「大同小異《だいどうしょうい》」がある。

学習日《がくしゅうび》　月　日

ステップ1

意味《いみ》のわかる言葉《ことば》に、チェックを入《い》れよう(☑)。

❶ すみやか □
❷ 気《き》さく □
❸ くるまる □
❹ 質素《しっそ》 □
❺ しみじみ □
❻ 対照的《たいしょうてき》 □
❼ ぶり返《かえ》す □
❽ かん高《だか》い □
❾ 似《に》たり寄《よ》ったり □

学《まな》んだ語彙数《ごいすう》 592～600

ステップ2

(　)に当《あ》てはまる言葉《ことば》を上《うえ》から選《えら》び、文章《ぶんしょう》を完成《かんせい》させよう。

ア 病気《びょうき》が（　　　）。
イ 彼《かれ》は（　　　）な人物《じんぶつ》なので、話《はな》しやすい。
ウ 幸《しあわ》せを（　　　）と思《おも》う。
エ （　　　）声《こえ》でさけぶ。
オ ふたりは顔《かお》はそっくりだが、性格《せいかく》は（　　　）だ。
カ 寒《さむ》いので、毛布《もうふ》に（　　　）。
キ どの作品《さくひん》も（　　　）の出来《でき》だ。
ク ぜいたくをしない、（　　　）な生活《せいかつ》。
ケ 先生《せんせい》の指示《しじ》で、安全《あんぜん》な場所《ばしょ》へ（　　　）に退避《たいひ》する。

※こたえは右《みぎ》ページ下《した》

ステップ3

それぞれの言葉《ことば》の意味《いみ》を、しっかりおぼえよう。

❶ **すみやか** 物事《ものごと》の進行《しんこう》を、はやくするようす。
❷ **気《き》さく** 心《こころ》がさっぱりしているようす。
❸ **くるまる** 体《からだ》がすっぽりとつつまれる。
❹ **質素《しっそ》** ①かざりけがないこと。②生活《せいかつ》などが、ぜいたくでないこと。
❺ **しみじみ** 心《こころ》の底《そこ》から深《ふか》く感《かん》じるようす。
❻ **対照的《たいしょうてき》** ふたつの違《ちが》いが、際立《きわだ》って目立《めだ》っているようす。
❼ **ぶり返《かえ》す** いったんよい方向《ほうこう》へ向《む》かっていた病気《びょうき》や天候《てんこう》などが、もどって悪《わる》い状態《じょうたい》になる。
❽ **かん高《だか》い** 声《こえ》の調子《ちょうし》が高《たか》く、するどい。
❾ **似《に》たり寄《よ》ったり** どちらも似《に》ていて、違《ちが》いがほとんどないようす。

学習日《がくしゅうび》 　月　日

右《みぎ》ページ(72ページ)のこたえ
ア強情《ごうじょう》 イ終始《しゅうし》 ウ軽率《けいそつ》 エいたわる オくらます カ干上《ひあ》がる キしおらしい クすこぶる ケそうそうたる

学力《がくりょく》アップ！
「軽率《けいそつ》」の対義語《たいぎご》は「慎重《しんちょう》」。

ステップ1 意味《いみ》のわかる言葉《ことば》に、チェックを入《い》れよう（☑）。

❶ 寒冷《かんれい》 □
❷ いつわる □
❸ ほれぼれ □
❹ 若干《じゃっかん》 □
❺ ぞんざい □
❻ 台無《だいな》し □
❼ もろい □
❽ きょとん □
❾ 食《く》い違《ちが》う □

ステップ2 （　）に当《あ》てはまる言葉《ことば》を上《うえ》から選《えら》び、文章《ぶんしょう》を完成《かんせい》させよう。

ア 名前《なまえ》や年齢《ねんれい》を（　　　）。
イ 北海道《ほっかいどう》は（　　　）な地域《ちいき》だ。
ウ 彼女《かのじょ》は、（　　　）するような声《こえ》で歌《うた》った。
エ 彼《かれ》の発言《はつげん》ですべてが（　　　）だ。
オ （　　　）とした顔《かお》。
カ 食器《しょっき》を（　　　）にあつかわないで！
キ （　　　）、彼《かれ》のほうが背《せ》が高《たか》い。
ク ふたりの話《はなし》が（　　　）。
ケ この部品《ぶひん》は意外《いがい》に（　　　）。

※こたえは左《ひだり》ページ下《した》

ステップ3 それぞれの言葉《ことば》の意味《いみ》を、しっかりおぼえよう。

❶ **寒冷《かんれい》**
寒《さむ》くて、冷《つめ》たく感《かん》じられるようす。

❷ **いつわる**
事実《じじつ》をかくして、うそを言《い》う。ごまかす。

❸ **ほれぼれ**
心《こころ》をうばわれ、うっとりするようす。

❹ **若干《じゃっかん》**
いくらか。多少《たしょう》。

❺ **ぞんざい**
①いいかげんなようす。
②乱暴《らんぼう》なようす。

❻ **台無《だいな》し**
物事《ものごと》がすっかりだめになること。また、そのようす。

❼ **もろい**
①こわれやすい。
②持《も》ちこたえる力《ちから》が弱《よわ》い。
③心《こころ》を動《うご》かされやすい。

❽ **きょとん**
びっくりしたり、事情《じじょう》がよくわからなかったりで、目《め》を見開《みひら》きぼんやりしているようす。

❾ **食《く》い違《ちが》う**
一致《いっち》しない。

学習日《がくしゅうび》　月　日

左《ひだり》ページ（75ページ）のこたえ

アうかれる イしかめる ウ具体的《ぐたいてき》 エあいにく オつべこべ カ深刻《しんこく》 キ計《はか》り知《し》れない クやむを得《え》ず ケいましめる

学力《がくりょく》アップ！

「具体的《ぐたいてき》」の対義語《たいぎご》は「抽象的《ちゅうしょうてき》」。

ステップ1

意味《いみ》のわかる言葉《ことば》に、チェックを入《い》れよう（☑）。

❶ うかれる □
❷ 具体的《ぐたいてき》 □
❸ 深刻《しんこく》 □
❹ やむを得《え》ず □
❺ つべこべ □
❻ 計《はか》り知《し》れない □
❼ いましめる □
❽ あいにく □
❾ しかめる □

ステップ2

（　）に当《あ》てはまる言葉《ことば》を上《うえ》から選《えら》び、文章《ぶんしょう》を完成《かんせい》させよう。

㋐ 好《す》きな人《ひと》に話《はな》しかけられ、（　　）。
㋑ 顔《かお》を（　　）。
㋒ どこが良《よ》くてどこが悪《わる》いのか、（　　）に説明《せつめい》する。
㋓（　　）父《ちち》は外出《がいしゅつ》しています。
㋔（　　）言《い》わずに、手《て》伝《つだ》ってよ。
㋕（　　）な事態《じたい》が起《お》きる。
㋖ 彼《かれ》の功績《こうせき》は（　　）。
㋗（　　）、彼《かれ》の宿題《しゅくだい》を手伝《てつだ》った。
㋘ ひどい点数《てんすう》のテストを見返《みかえ》し、自分《じぶん》を（　　）。

※こたえは右《みぎ》ページ下《した》

学《まな》んだ語彙数《ごいすう》 610〜618

ステップ3

それぞれの言葉《ことば》の意味《いみ》を、しっかりおぼえよう。

❶ **うかれる**
心《こころ》がうきうきする。

❷ **具体的《ぐたいてき》**
実際《じっさい》の形《かたち》や内容《ないよう》が、はっきりわかるようす。

❸ **深刻《しんこく》**
事態《じたい》がたいへんな状況《じょうきょう》になっていること。また、そのようす。

❹ **やむを得《え》ず**
仕方《しかた》なく。

❺ **つべこべ**
あれこれと、うるさく言《い》うようす。

❻ **計《はか》り知《し》れない**
想像《そうぞう》できないほどの。

❼ **いましめる**
①前《まえ》もって注意《ちゅうい》する。
②同《おな》じ失敗《しっぱい》をしないように、しかる。

❽ **あいにく**
都合《つごう》の悪《わる》いようす。

❾ **しかめる**
痛《いた》みを感《かん》じたり、嫌《いや》な気《き》分《ぶん》になったりで、まゆのあたりにしわを寄《よ》せる。

学習日《がくしゅうび》　月　日

右《みぎ》ページ（74ページ）のこたえ

㋐いつわる ㋑寒冷《かんれい》 ㋒ほれぼれ ㋓台無《だいな》し ㋔きょとん ㋕ぞんざい ㋖若干《じゃっかん》 ㋗食《く》い違《ちが》う ㋘もろい

学力《がくりょく》アップ！

「寒冷《かんれい》」の対義語《たいぎご》は「温暖《おんだん》」。

学《まな》んだ語彙数《ごいすう》 619～627

学習日《がくしゅうび》 月 日

ステップ1 意味《いみ》のわかる言葉《ことば》に、チェックを入《い》れよう(☑)。

❶ あざむく □
❷ うっとうしい □
❸ 細心《さいしん》 □
❹ 率直《そっちょく》 □
❺ 手持《ても》ちぶさた □
❻ 打算的《ださんてき》 □
❼ ちらつく □
❽ あいまい □
❾ どよめく □

ステップ2 (　)に当《あ》てはまる言葉《ことば》を上《うえ》から選《えら》び、文章《ぶんしょう》を完成《かんせい》させよう。

ア 優勝《ゆうしょう》が目《め》の前《まえ》に（　　）。
イ 疲《つか》れたふりをして、敵《てき》を（　　）。
ウ（　　）な言葉《ことば》で、その場《ば》をごまかそうとする。
エ 髪《かみ》がのびすぎて（　　）。
オ 仕事《しごと》がなく（　　）だ。
カ ずるくて、（　　）な人物《じんぶつ》。
キ すばらしいプレーに球場《きゅうじょう》が（　　）。
ク しっかりと、（　　）の注意《ちゅうい》をはらう。
ケ（　　）に言《い》って、君《きみ》の考《かんが》えは間違《まちが》っている。

※こたえは左《ひだり》ページ下《した》

ステップ3 それぞれの言葉《ことば》の意味《いみ》を、しっかりおぼえよう。

❶ **あざむく**
うそをつき、人《ひと》をだます。

❷ **うっとうしい**
①気持《きも》ちや天候《てんこう》が晴《は》れない。
②じゃまで、うるさい。

❸ **細心《さいしん》**
細《こま》かいところまで気《き》をつけるようす。

❹ **率直《そっちょく》**
かくすところがなく、ありのままであるようす。

❺ **手持《ても》ちぶさた**
することがなく、ひまなようす。

❻ **打算的《ださんてき》**
損得《そんとく》や利益《りえき》を考《かんが》えて行動《こうどう》するようす。

❼ **ちらつく**
①見《み》えたり、かくれたりする。
②雪《ゆき》などが、ちらちらとまばらに降《ふ》る。

❽ **あいまい**
態度《たいど》や物事《ものごと》が、はっきりしないようす

❾ **どよめく**
①ざわざわとさわぐ。
②音《おと》や声《こえ》が、ひびく。

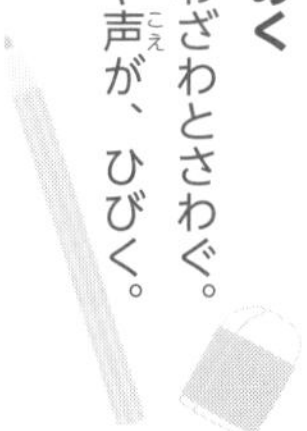

左《ひだり》ページ(77ページ)のこたえ
ア勤《つと》める　イ改《あらた》める　ウ心無《こころな》い　エうなだれる　オ平然《へいぜん》　カひたすら　キ務《つと》める　クはかどる　ケ努《つと》める

学力《がくりょく》アップ！

「改《あらた》める」を②の意味《いみ》で使用《しよう》した例文《れいぶん》→「ルールを改《あらた》める」

学《まな》んだ語彙数《ごいすう》 628〜636

ステップ1

意味《いみ》のわかる言葉《ことば》に、チェックを入《い》れよう(☑)。

❶ 改《あらた》める □
❷ うなだれる □
❸ 心無《こころな》い □
❹ 務《つと》める □
❺ 努《つと》める □
❻ 勤《つと》める □
❼ ひたすら □
❽ 平然《へいぜん》 □
❾ はかどる □

ステップ2

(　)に当《あ》てはまる言葉《ことば》を上《うえ》から選《えら》び、文章《ぶんしょう》を完成《かんせい》させよう。

㋐ 大学《だいがく》を卒業《そつぎょう》して、食品会社《しょくひんがいしゃ》に(　　)。
㋑ 反省《はんせい》して考《かんが》えを(　　)。
㋒ (　　)発言《はつげん》に心《こころ》を痛《いた》める。
㋓ 試合《しあい》に負《ま》けて(　　)。
㋔ 苦《くる》しい状況《じょうきょう》でも、彼《かれ》は(　　)としている。
㋕ 許《ゆる》してもらうまで、(　　)あやまった。
㋖ いとこの家庭教師《かていきょうし》を(　　)。
㋗ 勉強《べんきょう》が(　　)。
㋘ 夢《ゆめ》の実現《じつげん》のため、日々《ひび》、勉強《べんきょう》に(　　)。

※こたえは右《みぎ》ページ下《した》

ステップ3

それぞれの言葉《ことば》の意味《いみ》を、しっかりおぼえよう。

❶ **改《あらた》める** ①悪《わる》い点《てん》を修正《しゅうせい》して、よくする。②変更《へんこう》する。③服装《ふくそう》や態度《たいど》をきちんとする。④正《ただ》しいかどうか、きちんと調《しら》べて確《たし》かめる。

❷ **うなだれる** 悲《かな》しかったり、がっかりしたりなどで、首《くび》を力《ちから》なく前《まえ》にたれる。

❸ **心無《こころな》い** 思《おも》いやりがない。

❹ **務《つと》める** 役目《やくめ》にあたる。

❺ **努《つと》める** 努力《どりょく》する。

❻ **勤《つと》める** 会社《かいしゃ》などで、働《はたら》く。

❼ **ひたすら** ただそればかり。

❽ **平然《へいぜん》** 落《お》ち着《つ》きはらっているようす。

❾ **はかどる** 仕事《しごと》などが順調《じゅんちょう》に進《すす》む。

学習日《がくしゅうび》　　月　　日

右《みぎ》ページ(76ページ)のこたえ

㋐ちらつく　㋑あざむく　㋒あいまい　㋓うっとうしい　㋔手持《ても》ちぶさた　㋕打算的《ださんてき》　㋖どよめく　㋗細心《さいしん》　㋘率直《そっちょく》

学力《がくりょく》アップ！

「うっとうしい」を「うっとおしい」と書《か》かないように注意《ちゅうい》!

ステップ1
意味《いみ》のわかる言葉《ことば》に、チェックを入《い》れよう（☑）。

❶ うららか □
❷ こだわる □
❸ 強《し》いる □
❹ たたずむ □
❺ 独創的《どくそうてき》 □
❻ ひときわ □
❼ ふがいない □
❽ 均整《きんせい》 □
❾ かたくな □

ステップ2
（　）に当《あ》てはまる言葉《ことば》を上《うえ》から選《えら》び、文章《ぶんしょう》を完成《かんせい》させよう。

㋐ 無理《むり》やり発言《はつげん》を（　　）。
㋑ （　　）に、口《くち》をとざす。
㋒ 彼女《かのじょ》の美《うつく》しさは、（　　）目立《めだ》っていた。
㋓ 彼女《かのじょ》の（　　）なアイディアに感心《かんしん》する。
㋔ （　　）な春《はる》の日《ひ》ざし。
㋕ あまりにも（　　）成績《せいせき》に落《お》ちこむ。
㋖ 電車《でんしゃ》がくるまで、駅《えき》でぼんやりと（　　）。
㋗ つまらないことに（　　）。
㋘ （　　）のとれた体《からだ》つき。

※こたえは左《ひだり》ページ下《した》

ステップ3
それぞれの言葉《ことば》の意味《いみ》を、しっかりおぼえよう。

❶ **うららか** 空《そら》が晴《は》れ、日《ひ》ざしがやわらかなようす。
❷ **こだわる** ちょっとしたことに、心《こころ》がとらわれる。気《き》にしなくていいことを、気《き》にする。
❸ **強《し》いる** 相手《あいて》の考《かんが》えを無視《むし》して、無理《むり》にやらせる。
❹ **たたずむ** 立《た》ち止《ど》まり、じっとしている。
❺ **独創的《どくそうてき》** その人《ひと》だけがもつ、新《あたら》しさがあるようす。
❻ **ひときわ** ほかと比《くら》べて、とくに目《め》立《だ》っているようす。
❼ **ふがいない** 情《なさ》けない。だらしない。意気地《いくじ》がない。
❽ **均整《きんせい》** 全体的《ぜんたいてき》につり合《あ》いがとれ、ととのっていること。
❾ **かたくな** 意地《いじ》を張《は》って自分《じぶん》の考《かんが》えや態度《たいど》を変《か》えないようす。

学《まな》んだ語彙数《ごいすう》 637～645

学習日《がくしゅうび》 　月　日

左《ひだり》ページ（79ページ）のこたえ
㋐ほのめかす ㋑根《ね》こそぎ ㋒やわらぐ ㋓いつになく ㋔うるおす ㋕根強《ねづよ》い ㋖従順《じゅうじゅん》 ㋗古風《こふう》 ㋘味気《あじけ》ない

学力《がくりょく》アップ！
「うるおす」を②の意味《いみ》で使用《しよう》した例文《れいぶん》→「豊富《ほうふ》な資源《しげん》が国《くに》をうるおす」

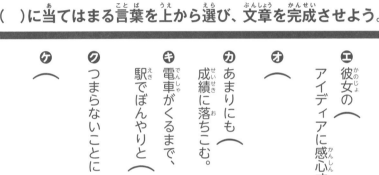

学《まな》んだ語彙数《ごいすう》 646～654

ステップ1

意味《いみ》のわかる言葉《ことば》に、チェックを入《い》れよう(☑)。

❶ 味気《あじけ》ない □
❷ うるおす □
❸ 古風《こふう》 □
❹ やわらぐ □
❺ 根強《ねづよ》い □
❻ 根《ね》こそぎ □
❼ ほのめかす □
❽ いつになく □
❾ 従順《じゅうじゅん》 □

ステップ2

(　)に当《あ》てはまる言葉《ことば》を上《うえ》から選《えら》び、文章《ぶんしょう》を完成《かんせい》させよう。

ア 正体《しょうたい》を(　　)。
イ 城《しろ》の宝《たから》が(　　)盗《ぬす》まれた。
ウ 暑《あつ》さが(　　)。
エ 今日《きょう》は(　　)、気分《きぶん》がいい。
オ ジュースでのどを(　　)。
カ このアニメは、昔《むかし》から(　　)人気《にんき》をほこっている。
キ ゴールデンレトリーバーは、人間《にんげん》に(　　)な犬《いぬ》です。
ク (　　)な建物《たてもの》。
ケ 同《おな》じことのくり返《かえ》しで、毎日《まいにち》が(　　)。

※こたえは右《みぎ》ページ下《した》

ステップ3

それぞれの言葉《ことば》の意味《いみ》を、しっかりおぼえよう。

❶ **味気《あじけ》ない**
おもしろみがない。人《ひと》を引《ひ》きつける要素《ようそ》がなくて、つまらない。

❷ **うるおす**
①水分《すいぶん》を与《あた》える。②豊《ゆた》かにする。

❸ **古風《こふう》**
古《ふる》めかしいようす。

❹ **やわらぐ**
①おだやかになる。②なごやかになる。

❺ **根強《ねづよ》い**
基礎《きそ》となる部分《ぶぶん》がしっかりしていて、簡単《かんたん》には変《か》わらない。

❻ **根《ね》こそぎ**
少《すこ》しも残《のこ》さず。

❼ **ほのめかす**
言葉《ことば》や態度《たいど》で、それとなく示《しめ》す。

❽ **いつになく**
いつもとはまったく違《ちが》って。

❾ **従順《じゅうじゅん》**
素直《すなお》で、さからわないこと。人《ひと》の言《い》うことをよく聞《き》くこと。

学習日《がくしゅうび》　月　日

右《みぎ》ページ(78ページ)のこたえ
ア強いる　イかたくな　ウひときわ　エ独創的《どくそうてき》　オうららか　カふがいない　キたたずむ　クこだわる　ケ均整《きんせい》

学力《がくりょく》アップ！
「こだわる」は、最近《さいきん》ではよい意味合《いみあ》いで使《つか》われることも多《おお》くなっている。

ステップ1

意味《いみ》のわかる言葉《ことば》に、チェックを入《い》れよう（☑）。

❶ ひとしきり □
❷ 円満《えんまん》 □
❸ たなびく □
❹ おざなり □
❺ ほほえましい □
❻ ひとえに □
❼ うけあう □
❽ 積極的《せっきょくてき》 □
❾ 消極的《しょうきょくてき》 □

学《まな》んだ語彙数《ごいすう》 655～663

ステップ2

（　）に当《あ》てはまる言葉《ことば》を上《うえ》から選《えら》び、文章《ぶんしょう》を完成《かんせい》させよう。

ア 内気《うちき》で（　　　）な性格《せいかく》。
イ 話《はな》し合《あ》いが（　　　）に収《おさ》まる。
ウ じゃれあう子猫《こねこ》が（　　　）。
エ （　　　）雨《あめ》が降《ふ》ったあと、青空《あおぞら》が広《ひろ》がった。
オ 今回《こんかい》の成功《せいこう》は、（　　　）君《きみ》のおかげだ。
カ けむりが（　　　）。
キ きっとできるだろうと、簡単《かんたん》に（　　　）。
ク （　　　）な言《い》い訳《わけ》にあきれる。
ケ （　　　）に手《て》をあげ、やる気《き》を示《しめ》す。

※こたえは左《ひだり》ページ下《した》

ステップ3

それぞれの言葉《ことば》の意味《いみ》を、しっかりおぼえよう。

❶ **ひとしきり**
しばらくのあいだ続《つづ》くようす。

❷ **円満《えんまん》**
不満《ふまん》や争《あらそ》いがなく、満《み》ち足《た》りているようす。

❸ **たなびく**
雲《くも》やけむりなどが、横《よこ》に長《なが》く、うすくかかる。

❹ **おざなり**
いいかげんにするようす。

❺ **ほほえましい**
思《おも》わず微笑《びしょう》（声《こえ》をたてずに軽《かる》く笑《わら》うこと）したくなるようす。

❻ **ひとえに**
原因《げんいん》や理由《りゆう》などが、そのことに尽《つ》きるようす。まったく。

❼ **うけあう**
①責任《せきにん》をもって引《ひ》き受《う》ける。
②大丈夫《だいじょうぶ》だと、保証《ほしょう》する。

❽ **積極的《せっきょくてき》**
自分《じぶん》から進《すす》んで、物事《ものごと》にはたらきかけるようす。

❾ **消極的《しょうきょくてき》**
自分《じぶん》から進《すす》んで、物事《ものごと》をやろうとしないようす。

学習日《がくしゅうび》　　月　　日

左《ひだり》ページ（81ページ）のこたえ
ア ずさん　イ おどける　ウ 耳障《みみざわ》り　エ 不意《ふい》　オ ほろびる　カ やきもき　キ おだてる　ク こらしめる　ケ 水《みず》くさい

学力《がくりょく》アップ！
「おどける」と似《に》た意味《いみ》の言葉《ことば》に「ふざける」がある。

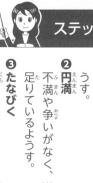

学《まな》んだ語彙数《ごいすう》 664〜672

ステップ1 意味《いみ》のわかる言葉《ことば》に、チェックを入《い》れよう(☑)。

❶ やきもき □
❷ おだてる □
❸ おどける □
❹ こらしめる □
❺ ずさん □
❻ 不意《ふい》 □
❼ ほろびる □
❽ 水《みず》くさい □
❾ 耳障《みみざわ》り □

ステップ2 (　)に当《あ》てはまる言葉《ことば》を上《うえ》から選《えら》び、文章《ぶんしょう》を完成《かんせい》させよう。

ア 薬品《やくひん》の(　　)な管理《かんり》が問題《もんだい》となる。
イ 変《へん》な服《ふく》を着《き》て(　　)。
ウ 工事《こうじ》の騒音《そうおん》が、とても(　　)だ。
エ (　　)に涙《なみだ》がこぼれる。
オ 源氏《げんじ》にやぶれ、平氏《へいし》が(　　)。
カ 連絡《れんらく》がこず、(　　)する。
キ 機嫌《きげん》を直《なお》してもらうため、彼《かれ》を(　　)。
ク ヒーローが悪《あく》を(　　)。
ケ 相談《そうだん》してくれないなんて、(　　)じゃないか。

※こたえは右《みぎ》ページ下《した》

ステップ3 それぞれの言葉《ことば》の意味《いみ》を、しっかりおぼえよう。

❶ **やきもき** いろいろと気《き》をもんで、いら立《だ》つようす。
❷ **おだてる** 何《なに》かをさせようと、その人《ひと》のよろこぶようなことを言《い》って、いい気分《きぶん》にさせる。
❸ **おどける** おもしろいことを言《い》ったり、したりする。
❹ **こらしめる** 罰《ばつ》などを与《あた》えて、二度《にど》と悪《わる》いことをやらないようにさせる。
❺ **ずさん** いいかげんなようす。
❻ **不意《ふい》** 思《おも》いがけないこと。
❼ **ほろびる** 滅亡《めつぼう》する。
❽ **水《みず》くさい** 親《した》しい関係《かんけい》なのに、よそよそしい。他人行儀《たにんぎょうぎ》である。
❾ **耳障《みみざわ》り** 聞《き》いていて、嫌《いや》だと感《かん》じたり、うるさく感《かん》じたりするようす。

学習日《がくしゅうび》 　月　日

右《みぎ》ページ(80ページ)のこたえ

ア消極的《しょうきょくてき》 イ円満《えんまん》 ウほほえましい エひとしきり オひとえに カたなびく キうけあう クおざなり ケ積極的《せっきょくてき》

学力《がくりょく》アップ!

「積極的《せっきょくてき》」と「消極的《しょうきょくてき》」は対義語《たいぎご》の関係《かんけい》にある。

ステップ1

意味《いみ》のわかる言葉《ことば》に、チェックを入《い》れよう(☑)。

❶ おぼろげ □
❷ かなでる □
❸ ちょくちょく □
❹ またがる □
❺ 報《むく》いる □
❻ はなはだしい □
❼ ゆるがす □
❽ 不当《ふとう》 □
❾ 心《こころ》もとない □

ステップ2

(　)に当《あ》てはまる言葉《ことば》を上《うえ》から選《えら》び、文章《ぶんしょう》を完成《かんせい》させよう。

ア 両親《りょうしん》の苦労《くろう》に(　　　　)。
イ 彼《かれ》の行動《こうどう》は、非常識《ひじょうしき》も(　　　　)。
ウ (　　　　)な記憶《きおく》をたどる。
エ 世間《せけん》を(　　　　)大《だい》ニュース。
オ 乗馬《じょうば》クラブで、馬《うま》にはじめて(　　　　)。
カ 叔父《おじ》は(　　　　)家《いえ》に遊《あそ》びに来《く》る。
キ (　　　　)なあつかいを受《う》け、怒《おこ》る。
ク 財布《さいふ》のお金《かね》だけでは(　　　　)。
ケ すてきな音楽《おんがく》を(　　　　)。

※こたえは左《ひだり》ページ下《した》

ステップ3

それぞれの言葉《ことば》の意味《いみ》を、しっかりおぼえよう。

❶ **おぼろげ** はっきりせず、ぼんやりしたようす。
❷ **かなでる** 楽器《がっき》を演奏《えんそう》する。
❸ **ちょくちょく** それほど時間《じかん》を置《お》かず、何度《なんど》もくり返《かえ》すようす。
❹ **またがる** ①またを開《ひら》き、乗《の》る。②一方《いっぽう》から他方《たほう》にわたる、およぶ。
❺ **報《むく》いる** 受《う》けたことに対《たい》し、それに等《ひと》しい働《はたら》きを返《かえ》すこと。
❻ **はなはだしい** 普通《ふつう》の状態《じょうたい》をはるかにこえているようす。
❼ **ゆるがす** ゆさぶる。ゆり動《うご》かす。
❽ **不当《ふとう》** 正《ただ》しくないこと。正《ただ》しくないようす。
❾ **心《こころ》もとない** 不安《ふあん》に思《おも》う。

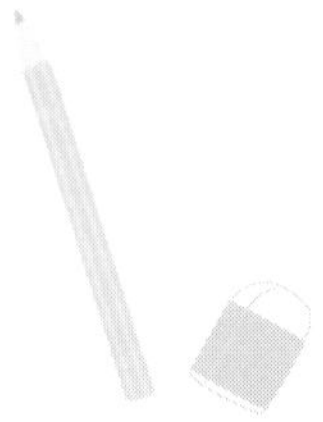

学《まな》んだ語彙数《ごいすう》 673～681

学習日《がくしゅうび》　　月　　日

左《ひだり》ページ(83ページ)のこたえ

ア おもむろに　イ 不気味《ぶきみ》　ウ 延々《えんえん》　エ いらっしゃる　オ 底知《そこし》れない　カ いきどおる　キ まごつく　ク ものものしい　ケ おぼつかない

学力《がくりょく》アップ!

「いらっしゃる」は、「行《い》く」「来《く》る」「居《い》る」の尊敬語《そんけいご》。

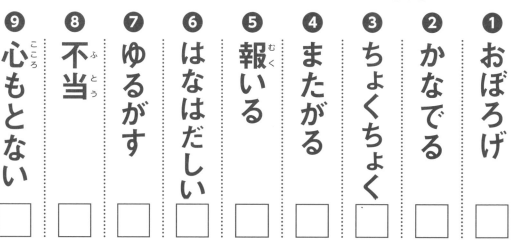

ステップ1

意味《いみ》のわかる言葉《ことば》に、チェックを入《い》れよう(☑)。

❶ いきどおる □
❷ 底知《そこし》れない □
❸ おぼつかない □
❹ おもむろに □
❺ 不気味《ぶきみ》 □
❻ まごつく □
❼ いらっしゃる □
❽ ものものしい □
❾ 延々《えんえん》 □

ステップ2

( )に当《あ》てはまる言葉《ことば》を上《うえ》から選《えら》び、文章《ぶんしょう》を完成《かんせい》させよう。

㋐ 名前《なまえ》を呼《よ》ばれ、(　　)立《た》ち上《あ》がった。
㋑ 魔物《まもの》の目《め》が(　　)に光《ひか》る。
㋒ (　　)5時間《じかん》の熱戦《ねっせん》。
㋓ 先生《せんせい》が家《いえ》に(　　)。
㋔ (　　)パワーを秘《ひ》めた選手《せんしゅ》。
㋕ 政治《せいじ》に(　　)。
㋖ 小銭《こぜに》を床《ゆか》にばらまいてしまい、(　　)。
㋗ 今日《きょう》はこの建物《たてもの》に首相《しゅしょう》が来《く》るので、警護《けいご》がたいへん(　　)。
㋘ よっぱらった父《ちち》の足《あし》もとが(　　)。

※こたえは右《みぎ》ページ下《した》

ステップ3

それぞれの言葉《ことば》の意味《いみ》を、しっかりおぼえよう。

❶ **いきどおる**
不当《ふとう》なことに対《たい》し、怒《おこ》ったり、なげいたりすること。

❷ **底知《そこし》れない**
限度《げんど》がわからないほどすごい。

❸ **おぼつかない**
①はっきりしない。
②うまくいくか疑《うたが》わしい。
③たよりない。

❹ **おもむろに**
ゆっくりと。

❺ **不気味《ぶきみ》**
気味《きみ》が悪《わる》いこと。

❻ **まごつく**
どうしたらよいか迷《まよ》う。うろたえる。

❼ **いらっしゃる**
①目上《めうえ》の人《ひと》が行《い》く。
②目上《めうえ》の人《ひと》が来《く》る。
③目上《めうえ》の人《ひと》が、家《いえ》などにいる。

❽ **ものものしい**
①厳重《げんじゅう》である。
②威厳《いげん》がある。

❾ **延々《えんえん》**
非常《ひじょう》に長《なが》く続《つづ》くようす。

学習日《がくしゅうび》　月　日

右《みぎ》ページ(82ページ)のこたえ

㋐報《むく》いる　㋑はなはだしい　㋒おぼろげ　㋓ゆるがす　㋔またがる　㋕ちょくちょく　㋖不当《ふとう》　㋗心《こころ》もとない　㋘かなでる

学力《がくりょく》アップ!

「またがる」を②の意味《いみ》で使用《しよう》した例文《れいぶん》→「富士山《ふじさん》は山梨県《やまなしけん》と静岡県《しずおかけん》にまたがる」

学《まな》んだ語彙数《ごいすう》 691～699

ステップ1

意味《いみ》のわかる言葉《ことば》に、チェックを入《い》れよう（☑）。

❶ 一目散《いちもくさん》 □

❷ 軽《かる》はずみ □

❸ 差《さ》しのべる □

❹ つくづく □

❺ 無下《むげ》に □

❻ もはや □

❼ 省《かえり》みる □

❽ おじけづく □

❾ ひねもす □

ステップ2

（　）に当《あ》てはまる言葉《ことば》を上《うえ》から選《えら》び、文章《ぶんしょう》を完成《かんせい》させよう。

ア 過去《かこ》の自分《じぶん》を（　　）。

イ （　　）な発言《はつげん》。

ウ 救《すく》いの手《て》を（　　）。

エ 高《たか》いところからプールに飛《と》びこむ直前《ちょくぜん》、（　　）。

オ （　　）に逃《に》げ出《だ》す。

カ 日本《にほん》は平和《へいわ》だと（　　）思《おも》う。

キ 必死《ひっし》に頼《たの》んだが、（　　）断《ことわ》られた。

ク （　　）寝《ね》て過《す》ごす。

ケ （　　）勝利《しょうり》の可能性《かのうせい》はないだろう。

※こたえは左《ひだり》ページ下《した》

ステップ3

それぞれの言葉《ことば》の意味《いみ》を、しっかりおぼえよう。

❶ **一目散《いちもくさん》**
よそ見《み》をせず走《はし》るようす。

❷ **軽《かる》はずみ**
考《かんが》えの足《た》りない行動《こうどう》や言《こと》葉《ば》。軽率《けいそつ》。

❸ **差《さ》しのべる**
力《ちから》を貸《か》す。

❹ **つくづく**
①強《つよ》く感《かん》じるようす。
②注意深《ちゅういぶか》く観察《かんさつ》するようす。

❺ **無下《むげ》に**
思《おも》いやりがないようす。

❻ **もはや**
①今《いま》となっては。
②早《はや》くも。

❼ **省《かえり》みる**
①振《ふ》り向《む》く。
②反省《はんせい》する。
③過去《かこ》のことを振《ふ》り返《かえ》って思《おも》い出《だ》す。
④世話《せわ》する。
⑤心配《しんぱい》する。

❽ **おじけづく**
おそろしいという気《き》持《も》ちや、かなわないという気《き》持《も》ちになる。

❾ **ひねもす**
朝《あさ》から晩《ばん》まで。一日中《いちにちじゅう》。

学習日《がくしゅうび》 　月　　日

左《ひだり》ページ（85ページ）のこたえ
ア見苦《みぐる》しい　イ局地的《きょくちてき》　ウ無造作《むぞうさ》　エまたとない　オつぶさに　カしたためる
キつけこむ　ク見極《みきわ》める　ケやつれる

学力《がくりょく》アップ！
「造作《ぞうさ》」は、「費用《ひよう》や手間《てま》がかかること」という意味《いみ》の言葉《ことば》。

学《まな》んだ語彙数《ごいすう》 700～708

ステップ1

意味《いみ》のわかる言葉《ことば》に、チェックを入《い》れよう（☑）。

❶ 局地的《きょくちてき》 □

❷ したためる □

❸ つぶさに □

❹ つけこむ □

❺ またとない □

❻ 見苦《みぐる》しい □

❼ 無造作《むぞうさ》 □

❽ やつれる □

❾ 見極《みきわ》める □

ステップ2

（　）に当《あ》てはまる言葉《ことば》を上《うえ》から選《えら》び、文章《ぶんしょう》を完成《かんせい》させよう。

ア これ以上《いじょう》、（　　）まねはするな。

イ（　　）な大雨《おおあめ》。

ウ 荷物《にもつ》を（　　）に置《お》く。

エ 好《す》きな役者《やくしゃ》に会《あ》える、（　　）チャンス。

オ 見《み》てきたことを、（　　）報告《ほうこく》する。

カ 手紙《てがみ》を（　　）。

キ 人《ひと》の親切《しんせつ》に（　　）なんて、ひどい話《はなし》だ。

ク 本当《ほんとう》に価値《かち》があるのか（　　）。

ケ 毎日《まいにち》の仕事《しごと》がたいへんで、顔《かお》が（　　）。

※こたえは右《みぎ》ページ下《した》

ステップ3

それぞれの言葉《ことば》の意味《いみ》を、しっかりおぼえよう。

❶ **局地的《きょくちてき》**
ある一定《いってい》の地域《ちいき》に限《かぎ》られているようす。

❷ **したためる**
①書《か》き記《しる》す。
②食事《しょくじ》をする。

❸ **つぶさに**
①細《こま》かくて、くわしいようす。
②すべて。全部《ぜんぶ》。

❹ **つけこむ**
機会《きかい》を逃《のが》さず利用《りよう》して、自分《じぶん》が有利《ゆうり》になるようにする。

❺ **またとない**
これ以上《いじょう》はない。二度《にど》とない。

❻ **見苦《みぐる》しい**
みっともない。

❼ **無造作《むぞうさ》**
①簡単《かんたん》なようす。
②細《こま》かい点《てん》に気《き》をつけず、雑《ざつ》なようす。

❽ **やつれる**
やせおとろえる。

❾ **見極《みきわ》める**
十分《じゅうぶん》に確《たし》かめる。最後《さいご》まで確《たし》かめる。

学習日《がくしゅうび》　月　日

右《みぎ》ページ（84ページ）のこたえ

ア省《かえり》みる　イ軽《かる》はずみ　ウ差《さ》しのべる　エおじけづく　オ一目散《いちもくさん》　カつくづく　キ無下《むげ》に　クひねもす　ケもはや

学力《がくりょく》アップ！

「つくづく」を②の意味《いみ》で使用《しよう》した例文《れいぶん》→「赤《あか》ん坊《ぼう》の顔《かお》をつくづくながめる」

学《まな》んだ語彙数《ごいすう》 709～717

ステップ1

意味《いみ》のわかる言葉《ことば》に、チェックを入《い》れよう(☑)。

❶ 楽天的《らくてんてき》 □
❷ かけがえのない □
❸ こぎつける □
❹ しどろもどろ □
❺ 丹念《たんねん》 □
❻ みずみずしい □
❼ 明白《めいはく》 □
❽ そそくさ □
❾ またたく □

ステップ2

(　)に当《あ》てはまる言葉《ことば》を上《うえ》から選《えら》び、文章《ぶんしょう》を完成《かんせい》させよう。

ア (　　)につくり上《あ》げる。
イ 完成《かんせい》に(　　)。
ウ 厳《きび》しい質問《しつもん》をされ、(　　)になる。
エ (　　)くだものが、店頭《てんとう》に並《なら》ぶ。
オ 彼《かれ》がうそをついているのは(　　)だ。
カ 彼《かれ》は大《おお》ざっぱで、(　　)な性格《せいかく》だ。
キ 彼女《かのじょ》は(　　)友達《ともだち》です。
ク (　　)と逃《に》げ出《だ》す。
ケ 夜空《よぞら》に星《ほし》が(　　)。

※こたえは左《ひだり》ページ下《した》

ステップ3

それぞれの言葉《ことば》の意味《いみ》を、しっかりおぼえよう。

❶ **楽天的《らくてんてき》**
くよくよせず、物事《ものごと》をよいほうに考《かんが》えるようす。

❷ **かけがえのない**
ほかに代《か》わりになるものがない。

❸ **こぎつける**
①舟《ふね》をこぎ、目的《もくてき》の場所《ばしょ》に到着《とうちゃく》させる。
②努力《どりょく》して、やっとのことで目標《もくひょう》にとどく。

❹ **しどろもどろ**
話《はな》している言葉《ことば》の調子《ちょうし》が、乱《みだ》れたようす。

❺ **丹念《たんねん》**
細《こま》かいところまで、注意《ちゅうい》をはらうようす。

❻ **みずみずしい**
新鮮《しんせん》な感《かん》じがするようす。

❼ **明白《めいはく》**
明《あき》らかで、うたがいの余地《よち》がまったくないようす。

❽ **そそくさ**
落《お》ち着《つ》かないようす。

❾ **またたく**
①目《め》をぱちぱちする。
②星《ほし》や灯《あか》りの光《ひかり》が、ちらちらする。

左《ひだり》ページ(87ページ)のこたえ

アこじらせる　イ親身《しんみ》　ウみなぎる　エかさばる　オ生半可《なまはんか》　カ費《つい》やす
キやにわに　ク綿密《めんみつ》　ケやり過《す》ごす

学力《がくりょく》アップ！

「かさばる」の「かさ」には、「ものの体《たい》積《せき》」という意味《いみ》がある。

学習日《がくしゅうび》　月　日

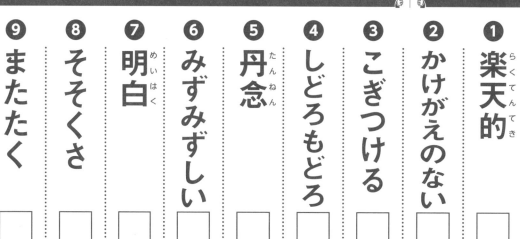

意味《いみ》のわかる言葉《ことば》に、チェックを入《い》れよう(☑)。 ステップ1

❶ かさばる □

❷ こじらせる □

❸ 親身《しんみ》 □

❹ 費《つい》やす □

❺ やり過《す》ごす □

❻ みなぎる □

❼ 綿密《めんみつ》 □

❽ やにわに □

❾ 生半可《なまはんか》 □

(　)に当《あ》てはまる言葉《ことば》を上《うえ》から選《えら》び、文章《ぶんしょう》を完成《かんせい》させよう。 ステップ2

ア 風邪《かぜ》を(　　)。

イ (　　)になって相談《そうだん》にのる。

ウ 栄養《えいよう》ドリンクを飲《の》むと、力《ちから》が(　　)。

エ 荷物《にもつ》が(　　)。

オ (　　)な気持《きも》ちではやっていけない。

カ 研究《けんきゅう》に金《かね》と時間《じかん》を(　　)。

キ 姿《すがた》をあらわしたと思《おも》ったら、(　　)かくれてしまった。

ク 失敗《しっぱい》しないように、(　　)に打《う》ち合《あ》わせる。

ケ 満員電車《まんいんでんしゃ》を一本《いっぽん》(　　)。

※こたえは右《みぎ》ページ下《した》

学《まな》んだ語彙数《ごいすう》 718～726

それぞれの言葉《ことば》の意味《いみ》を、しっかりおぼえよう。 ステップ3

❶ **かさばる** 大《おお》きくて場所《ばしょ》をとる。

❷ **こじらせる** ①物事《ものごと》をもつれさせ、解《かい》決《けつ》を困難《こんなん》にする。②病気《びょうき》を長引《ながび》かせる。

❸ **親身《しんみ》** 親子《おやこ》や兄弟《きょうだい》に接《せっ》するように、細《こま》かい心《こころ》づかいをするようす。

❹ **費《つい》やす** 金《かね》、時間《じかん》、労力《ろうりょく》などを使《つか》う。

❺ **やり過《す》ごす** あとから来《き》たものを先《さき》に通《とお》らせる。

❻ **みなぎる** ①水《みず》などが、あふれるほどにいっぱいになる。②力《ちから》や感情《かんじょう》などが満《み》ちあふれる。

❼ **綿密《めんみつ》** しっかり細《こま》かいところまで考《かんが》えられているようす。

❽ **やにわに** ①すぐさま。②いきなり。突然《とつぜん》。

❾ **生半可《なまはんか》** 中途半端《ちゅうとはんぱ》なようす。

学習日《がくしゅうび》 　月　日

右《みぎ》ページ(86ページ)のこたえ

ア丹念《たんねん》　イこぎつける　ウしどろもどろ　エみずみずしい　オ明白《めいはく》　カ楽天的《らくてんてき》　キかけがえのない　クそそくさ　ケまたたく

学力《がくりょく》アップ！

「しどろもどろ」は、乱《みだ》れているようすをあらわす「しどろ」を、強《つよ》めていった言葉《ことば》。

ステップ1 意味《いみ》のわかる言葉《ことば》に、チェックを入《い》れよう(☑)。

❶ たずさえる □
❷ 相変《あいか》わらず □
❸ かろうじて □
❹ ざっくばらん □
❺ つつましい □
❻ つれない □
❼ みるみる □
❽ しなやか □
❾ あえて □

学《まな》んだ語彙数《ごいすう》 727〜735

ステップ2 (　)に当《あ》てはまる言葉《ことば》を上《うえ》から選《えら》び、文章《ぶんしょう》を完成《かんせい》させよう。

ア (　　)に語《かた》り合《あ》おう。
イ (　　)態度《たいど》をとられて、がっかりする。
ウ 久《ひさ》しぶりにあった彼女《かのじょ》は、(　　)美《うつく》しかった。
エ (　　)な手《て》の指《ゆび》。
オ 嫌《いや》がる質問《しつもん》を(　　)する。
カ (　　)合格《ごうかく》の点数《てんすう》にとどき、ほっとする。
キ (　　)生活《せいかつ》を送《おく》る。
ク 少《すこ》し習《なら》っただけで、(　　)上達《じょうたつ》した。
ケ 両手《りょうて》に荷物《にもつ》を(　　)。

※こたえは左《ひだり》ページ下《した》

ステップ3 それぞれの言葉《ことば》の意味《いみ》を、しっかりおぼえよう。

学習日《がくしゅうび》　月　日

❶ **たずさえる**
手《て》にもつ。

❷ **相変《あいか》わらず**
今《いま》までと同《おな》じように。

❸ **かろうじて**
やっと。ようやく。

❹ **ざっくばらん**
心《こころ》に思《おも》っていることを、かくさずにあらわすようす。遠慮《えんりょ》のないようす。

❺ **つつましい**
ひかえめである。遠慮深《えんりょぶか》い。

❻ **つれない**
よそよそしい。冷《つめ》たくて、思《おも》いやりがない。

❼ **みるみる**
見《み》ているわずかな時間《じかん》のうちに、物事《ものごと》がどんどん進行《しんこう》していくようす。

❽ **しなやか**
①やわらかくて、弾力《だんりょく》があるようす。
②動《うご》きがなめらかだったり、動作《どうさ》が上品《じょうひん》だったりするようす。

❾ **あえて**
①進《すす》んで。無理《むり》に。
②わざわざ。

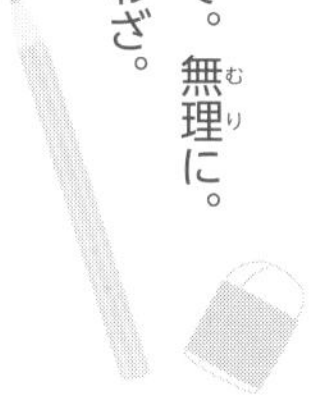

左《ひだり》ページ(89ページ)のこたえ

ア あっけらかん　イ なげく　ウ けたたましい　エ たしなめる　オ ぶっきらぼう
カ あこがれる　キ 愛《あい》らしい　ク なおかつ　ケ 典型的《てんけいてき》

学力《がくりょく》アップ!

「なげく」を②の意味《いみ》で使用《しよう》した例文《れいぶん》→「マナーの低下《ていか》をなげく」

ステップ1 意味《いみ》のわかる言葉《ことば》に、チェックを入《い》れよう（☑）。

① たしなめる □
② 愛《あい》らしい □
③ あっけらかん □
④ なおかつ □
⑤ ぶっきらぼう □
⑥ 典型的《てんけいてき》 □
⑦ なげく □
⑧ あこがれる □
⑨ けたたましい □

ステップ2 （　）に当《あ》てはまる言葉《ことば》を上《うえ》から選《えら》び、文章《ぶんしょう》を完成《かんせい》させよう。

㋐ つらいことがあったのに、彼《かれ》は（　　）としていた。
㋑ ペットの死《し》を（　　）。
㋒ （　　）サイレンの音《おと》で、目《め》が覚《さ》めた。
㋓ わがままな友《とも》を（　　）。
㋔ （　　）な話《はな》し方《かた》をするので、彼《かれ》のことが苦手《にがて》だ。
㋕ 歌手《かしゅ》に（　　）。
㋖ （　　）笑顔《えがお》をふりまく。
㋗ 今《いま》までのサービスより安《やす》く、（　　）便利《べんり》。
㋘ 鼻水《はなみず》や頭痛《ずつう》は、風邪《かぜ》の（　　）な症状《しょうじょう》だ。

※こたえは右《みぎ》ページ下《した》

ステップ3 それぞれの言葉《ことば》の意味《いみ》を、しっかりおぼえよう。

① **たしなめる**
よくない点《てん》を、注意《ちゅうい》して改《あらた》めさせる。

② **愛《あい》らしい**
かわいらしい。

③ **あっけらかん**
①ぼんやりとしているようす。
②平気《へいき》でいるようす。

④ **なおかつ**
なおその上《うえ》に。

⑤ **ぶっきらぼう**
ものの言《い》い方《かた》や行動《こうどう》に愛想《あいそ》がないこと。

⑥ **典型的《てんけいてき》**
そのものの特徴《とくちょう》をよくあらわしているようす。

⑦ **なげく**
①ひどく悲《かな》しむ。
②世《よ》の中《なか》の動《うご》きなどに対《たい》し、腹《はら》を立《た》て、心配《しんぱい》する。

⑧ **あこがれる**
ものや人《ひと》などに強《つよ》く心《こころ》を引《ひ》かれる。

⑨ **けたたましい**
人《ひと》を驚《おどろ》かすような高《たか》い音《おと》や声《こえ》が、突然《とつぜん》するようす。

学《まな》んだ語彙数《ごいすう》 736～744

学習日《がくしゅうび》 　月　日

右《みぎ》ページ（88ページ）のこたえ
㋐ざっくばらん ㋑つれない ㋒相変《あいか》わらず ㋓しなやか ㋔あえて ㋕かろうじて ㋖つつましい ㋗みるみる ㋘たずさえる

学力《がくりょく》アップ！

「あえて」を②の意味《いみ》で使用《しよう》した例文《れいぶん》→「あえて否定《ひてい》しない」。

意味《いみ》のわかる言葉《ことば》に、チェックを入《い》れよう（☑）。 ステップ1

❶ ぜひとも □
❷ ぎこちない □
❸ そそっかしい □
❹ ただでさえ □
❺ 担《にな》う □
❻ むせる □
❼ たじろぐ □
❽ いかにも □
❾ 矢継《やつ》ぎ早《ばや》 □

（　）に当《あ》てはまる言葉《ことば》を上《うえ》から選《えら》び、文章《ぶんしょう》を完成《かんせい》させよう。 ステップ2

ア （　　）時間《じかん》がないのに、これ以上早《いじょうはや》めるのは無理《むり》だ。
イ あわてて食《た》べたので、（　　）。
ウ （　　）その役目《やくめ》を私《わたし》に与《あた》えてください。
エ こんな時《とき》でも寝《ね》られるなんて、（　　）彼《かれ》らしいね。
オ ダンスは習《なら》いたてなので、動《うご》きがまだ（　　）。
カ 財布《さいふ》を忘《わす》れるなんて、（　　）人《ひと》だ。
キ （　　）に質問《しつもん》する。
ク 日本《にほん》の将来《しょうらい》を（　　）存在《そんざい》。
ケ 文句《もんく》を言《い》われ（　　）。

※こたえは左《ひだり》ページ下《した》

それぞれの言葉《ことば》の意味《いみ》を、しっかりおぼえよう。 ステップ3

❶ **ぜひとも** ①強《つよ》く願《ねが》うようす。なにとぞ。②どんなことがあっても。
❷ **ぎこちない** なめらかでない。不安定《ふあんてい》である。
❸ **そそっかしい** 落《お》ち着《つ》きがない。軽率《けいそつ》である。
❹ **ただでさえ** そうでなくても。
❺ **担《にな》う** ①かつぐ。②自分《じぶん》の責任《せきにん》として、引《ひ》き受《う》ける。
❻ **むせる** 食《た》べ物《もの》やけむりなどで、息《いき》がつまりそうになる。
❼ **たじろぐ** 相手《あいて》の強《つよ》い勢《いきお》いや力《ちから》などに対《たい》し、ひるむ。しりごみする。
❽ **いかにも** ①どう考《かんが》えても。②まさしく。
❾ **矢継《やつ》ぎ早《ばや》** 次《つぎ》から次《つぎ》におこなうようす。

学《まな》んだ語彙数《ごいすう》 745～753

学習日《がくしゅうび》　月　日

左《ひだり》ページ（91ページ）のこたえ

アほんのり　イ入念《にゅうねん》　ウまとう　エとがめる　オ社交的《しゃこうてき》　カにつまる　キ無論《むろん》　クすねる　ケおちいる

学力《がくりょく》アップ！

「につまる」を、「物事《ものごと》がうまく進《すす》まなくなる」の意味《いみ》で使《つか》うのは間違《まちが》い。

ステップ1

意味《いみ》のわかる言葉《ことば》に、チェックを入《い》れよう（☑）。

❶ につまる □
❷ ほんのり □
❸ とがめる □
❹ 入念《にゅうねん》 □
❺ おちいる □
❻ 社交的《しゃこうてき》 □
❼ すねる □
❽ 無論《むろん》 □
❾ まとう □

ステップ2

（　）に当《あ》てはまる言葉《ことば》を上《うえ》から選《えら》び、文章《ぶんしょう》を完成《かんせい》させよう。

ア ほおが（　　）赤《あか》くなる。
イ （　　）にあいさつの練習《れんしゅう》をする。
ウ マントを（　　）。
エ 違反《いはん》した人《ひと》を（　　）。
オ （　　）な彼女《かのじょ》は、大《おお》いにパーティーを楽《たの》しんだ。
カ 議論《ぎろん》が（　　）。
キ 君《きみ》の意見《いけん》には（　　）賛成《さんせい》だ。
ク 自分《じぶん》の思《おも》い通《どお》りにならず、弟《おとうと》が（　　）。
ケ 不安《ふあん》に（　　）。

※こたえは右《みぎ》ページ下《した》

学《まな》んだ語彙数《ごいすう》 754～762

学習日《がくしゅうび》 　月　日

ステップ3

それぞれの言葉《ことば》の意味《いみ》を、しっかりおぼえよう。

❶ **につまる** 話《はな》し合《あ》いなどが十分《じゅうぶん》になされて、結論《けつろん》が出《で》る状態《じょうたい》に近《ちか》づく。
❷ **ほんのり** うっすら。かすかに。
❸ **とがめる** ①悪《わる》いことや望《のぞ》ましくないことを非難《ひなん》する。②悪《わる》いことをしたと思《おも》い、心《こころ》が苦《くる》しくなる。
❹ **入念《にゅうねん》** 細《こま》かい点《てん》までよく注意《ちゅうい》するようす。念入《ねんい》り。
❺ **おちいる** ①深《ふか》みに落《お》ちる。②よくない状態《じょうたい》になる。
❻ **社交的《しゃこうてき》** 人《ひと》や世間《せけん》とのつき合《あ》いが上手《じょうず》なようす。
❼ **すねる** 人《ひと》にしたがわないで、不《ふ》満《まん》そうな態度《たいど》をとる。
❽ **無論《むろん》** 言《い》うまでもなく。
❾ **まとう** ①巻《ま》きつかせる。②着《き》る。

右《みぎ》ページ（90ページ）のこたえ

ア ただでさえ　イ むせる　ウ ぜひとも　エ いかにも　オ ぎこちない　カ そそっかしい　キ 矢継《やつ》ぎ早《ばや》　ク 担《にな》う　ケ たじろぐ

学力《がくりょく》アップ！

「ぜひとも」は、「ぜひ」を強《つよ》めていった言《こと》葉《ば》で、希望《きぼう》や願《ねが》いなどを述《の》べる際《さい》に使《つか》う。

学《まな》んだ語彙数《ごいすう》 763～771

学習日《がくしゅうび》　月　日

ステップ1

意味《いみ》のわかる言葉《ことば》に、チェックを入《い》れよう(☑)。

① 打《う》ち明《あ》ける □
② 痛《いた》ましい □
③ 供《そな》える □
④ 備《そな》える □
⑤ ちぐはぐ □
⑥ とりわけ □
⑦ わびしい □
⑧ ふてぶてしい □
⑨ 冷《ひ》やかす □

ステップ2

(　)に当《あ》てはまる言葉《ことば》を上《うえ》から選《えら》び、文章《ぶんしょう》を完成《かんせい》させよう。

㋐ 決勝戦《けっしょうせん》に(　　)。
㋑ (　　)な攻撃《こうげき》のせいで、点数《てんすう》が入《はい》らない。
㋒ (　　)田舎《いなか》の暮《く》らし。
㋓ (　　)事件《じけん》。
㋔ 同級生《どうきゅうせい》を(　　)。
㋕ 犯人《はんにん》の(　　)態度《たいど》。
㋖ 秘密《ひみつ》を(　　)。
㋗ 先祖《せんぞ》の墓《はか》に、まんじゅうを(　　)。
㋘ 兄弟《きょうだい》の中《なか》でも、(　　)ぼくは祖母《そぼ》にかわいがられた。

※こたえは左《ひだり》ページ下《した》

ステップ3

それぞれの言葉《ことば》の意味《いみ》を、しっかりおぼえよう。

① **打《う》ち明《あ》ける**
かくさずに話《はな》す。

② **痛《いた》ましい**
あまりにひどく、見《み》ていられないほどに気《き》の毒《どく》だ。

③ **供《そな》える**
霊前《れいぜん》や神仏《しんぶつ》に、ものをささげる。

④ **備《そな》える**
準備《じゅんび》する。

⑤ **ちぐはぐ**
食《く》い違《ちが》っていたり、まとまりがなかったりするようす。

⑥ **とりわけ**
とくに。

⑦ **わびしい**
①物静《ものしず》かだ。
②心細《こころぼそ》い。
③みすぼらしい。

⑧ **ふてぶてしい**
開《ひら》き直《なお》って、平然《へいぜん》としている。ずうずうしい。

⑨ **冷《ひ》やかす**
①からかう。
②見《み》たり、値段《ねだん》を聞《き》いたりするだけで、買《か》わない。

左《ひだり》ページ(93ページ)のこたえ

㋐おろそか　㋑ねたむ　㋒言《い》い張《は》る　㋓いななく　㋔目覚《めざ》ましい　㋕法外《ほうがい》
㋖まもなく　㋗せっぱつまる　㋘問《と》い合《あ》わせる

学力《がくりょく》アップ！

「いななく」は、馬《うま》の鳴《な》き声《こえ》を「い」の音《おと》であらわしたことに由来《ゆらい》している言葉《ことば》。

ステップ1

意味《いみ》のわかる言葉《ことば》に、チェックを入《い》れよう（☑）。

❶ 法外《ほうがい》 □
❷ 目覚《めざ》ましい □
❸ 言《い》い張《は》る □
❹ いななく □
❺ まもなく □
❻ ねたむ □
❼ せっぱつまる □
❽ 問《と》い合《あ》わせる □
❾ おろそか □

学《まな》んだ語彙数《ごいすう》 772～780

ステップ2

（　）に当《あ》てはまる言葉《ことば》を上《うえ》から選《えら》び、文章《ぶんしょう》を完成《かんせい》させよう。

ア そうじを（　　）にする。
イ ほかの人《ひと》の成功《せいこう》をよろこべず、（　　）。
ウ 自分《じぶん》が一番《いちばん》だと、（　　）。
エ 馬《うま》が（　　）。
オ （　　）成果《せいか》に、だれもがよろこんだ。
カ （　　）な値段《ねだん》に驚《おどろ》く。
キ （　　）夜《よ》が明《あ》ける。
ク 締《し》め切《き》りまでに仕事《しごと》が終《お》わらず、（　　）。
ケ 店《みせ》の定休日《ていきゅうび》を確認《かくにん》するため、電話《でんわ》で（　　）。

※こたえは右《みぎ》ページ下《した》

ステップ3

それぞれの言葉《ことば》の意味《いみ》を、しっかりおぼえよう。

❶ **法外《ほうがい》**
非常識《ひじょうしき》なほど、程度《ていど》がはなはだしいようす。

❷ **目覚《めざ》ましい**
目《め》が覚《さ》めるくらい、すばらしい。

❸ **言《い》い張《は》る**
自分《じぶん》の思《おも》っていることを、どこまでも押《お》し通《とお》そうとする。

❹ **いななく**
馬《うま》が声高《こえたか》く鳴《な》く。

❺ **まもなく**
すぐに。

❻ **ねたむ**
うらやんで、憎《にく》む。

❼ **せっぱつまる**
どうにもならない。苦《くる》しい状況《じょうきょう》にはまりこむ。

❽ **問《と》い合《あ》わせる**
不明《ふめい》な点《てん》などを、電話《でんわ》・電子《でんし》メール・手紙《てがみ》などで聞《き》いて確《たし》かめる。

❾ **おろそか**
いいかげんにすませるようす。

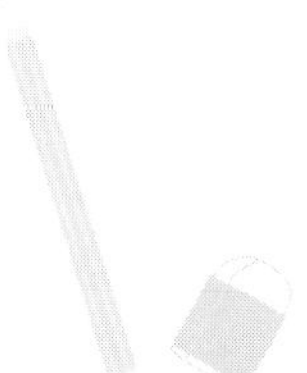

学習日《がくしゅうび》　月　日

右《みぎ》ページ（92ページ）のこたえ

ア 備《そな》える　イ ちぐはぐ　ウ わびしい　エ 痛《いた》ましい　オ 冷《ひ》やかす　カ ふてぶてしい　キ 打《う》ち明《あ》ける　ク 供《そな》える　ケ とりわけ

学力《がくりょく》アップ！

「冷《ひ》やかす」を②の意味《いみ》で使用《しよう》した例文《れいぶん》→「商店街《しょうてんがい》を冷《ひ》やかして歩《ある》く」

学《まな》んだ語彙数《ごいすう》 781～789

意味《いみ》のわかる言葉《ことば》に、チェックを入《い》れよう（☑）。 ステップ1

❶ おののく □
❷ くつがえす □
❸ はつらつ □
❹ ひとたび □
❺ 育《はぐく》む □
❻ すすぐ □
❼ うつらうつら □
❽ 遅《おそ》かれ早《はや》かれ □
❾ かまびすしい □

（　）に当《あ》てはまる言葉《ことば》を上《うえ》から選《えら》び、文章《ぶんしょう》を完成《かんせい》させよう。 ステップ2

ア （　　　）セミの鳴《な》き声《ごえ》。
イ 最後《さいご》までやりぬこう。（　　　）決《き》めたからには、
ウ あまりの迫力《はくりょく》に（　　　）。
エ （　　　）、一人暮《ひとりぐ》らしをする時《とき》が来《く》るだろう。
オ いすに座《すわ》ったまま、（　　　）する。
カ （　　　）とした動《うご》き。
キ 口《くち》を水《みず》で（　　　）。
ク 子《こ》どもの想像力《そうぞうりょく》を大切《たいせつ》に（　　　）。
ケ 今《いま》までの説《せつ》を（　　　）ような発見《はっけん》。

※こたえは左《ひだり》ページ下《した》

それぞれの言葉《ことば》の意味《いみ》を、しっかりおぼえよう。 ステップ3

❶ **おののく**
おそれて、ふるえる。

❷ **くつがえす**
①ひっくり返《かえ》す。
②ほろぼす。
③それまでのことを、全面的《ぜんめんてき》に改《あらた》める。

❸ **はつらつ**
元気《げんき》にあふれているようす。生《い》き生《い》きとしているようす。

❹ **ひとたび**
いっぺん。いったん。

❺ **育《はぐく》む**
①親鳥《おやどり》がひなを羽《はね》で抱《だ》いて育《そだ》てる。
②大切《たいせつ》に育《そだ》てる。

❻ **すすぐ**
①よごれなどを洗《あら》い落《お》とす。
②うがいをする。

❼ **うつらうつら**
疲《つか》れなどで、浅《あさ》い眠《ねむ》りに落《お》ちそうなようす。ぼんやりとしているようす。

❽ **遅《おそ》かれ早《はや》かれ**
いつかは。

❾ **かまびすしい**
さわがしい。

学習日《がくしゅうび》　　月　　日

左《ひだり》ページ（95ページ）のこたえ

アひしめく　イ物足《ものた》りない　ウ蒸《む》し返《かえ》す　エあらがう　オいなす　カかねがね　キ切実《せつじつ》　ク用心深《ようじんぶか》い　ケことづかる

学力《がくりょく》アップ！

「いなす」のもとの意味《いみ》は、相撲《すもう》で、「身《み》をかわし、相手《あいて》の体勢《たいせい》を崩《くず》す」。

ステップ1

意味《いみ》のわかる言葉《ことば》に、チェックを入《い》れよう(☑)。

① いなす □
② かねがね □
③ ことづかる □
④ ひしめく □
⑤ 物足《ものた》りない □
⑥ 用心深《ようじんぶか》い □
⑦ 切実《せつじつ》 □
⑧ あらがう □
⑨ 蒸《む》し返《かえ》す □

学《まな》んだ語彙数《ごいすう》 790～798

ステップ2

(　)に当《あ》てはまる言葉《ことば》を上《うえ》から選《えら》び、文章《ぶんしょう》を完成《かんせい》させよう。

ア 人気《にんき》イベントがおこなわれている会場《かいじょう》に、人《ひと》が(　　)。
イ この味《あじ》は少《すこ》し(　　)。
ウ すでに結論《けつろん》の出《で》た話《はなし》を(　　)。
エ 権力《けんりょく》に(　　)。
オ 厳《きび》しい質問《しつもん》を軽《かる》く(　　)。
カ (　　)あなたのうわさは聞《き》いていました。
キ 国民《こくみん》の(　　)な願《ねが》い。
ク 自転車《じてんしゃ》にカギを3つつけるほど、(　　)。
ケ 母《はは》から祖父《そふ》への伝言《でんごん》を(　　)。

※こたえは右《みぎ》ページ下《した》

ステップ3

それぞれの言葉《ことば》の意味《いみ》を、しっかりおぼえよう。

① **いなす** 相手《あいて》の追及《ついきゅう》や攻撃《こうげき》を、簡単《かんたん》にあしらう。
② **かねがね** 前々《まえまえ》から。
③ **ことづかる** 人《ひと》から、ものをとどけたり、言葉《ことば》を伝《つた》えたりするよう、頼《たの》まれる。
④ **ひしめく** 大勢《おおぜい》の人《ひと》やものが、ひとつのところにすき間《ま》なく集《あつ》まる。
⑤ **物足《ものた》りない** 何《なに》か足《た》りない、あるいは欠《か》けている感《かん》じがして、不満《ふまん》である。
⑥ **用心深《ようじんぶか》い** 注意《ちゅうい》が十分《じゅうぶん》に行《い》きとどいているようす。注意深《ちゅういぶか》い。
⑦ **切実《せつじつ》** ①心《こころ》に強《つよ》く感《かん》じるようす。②実際《じっさい》に関係《かんけい》があって、重要《じゅうよう》なようす。
⑧ **あらがう** 抵抗《ていこう》する。逆《さか》らう。
⑨ **蒸《む》し返《かえ》す** 一度《いちど》解決《かいけつ》したことを、また問題《もんだい》にする。

学習日《がくしゅうび》 　月　日

右《みぎ》ページ(94ページ)のこたえ

ア かまびすしい　イ ひとたび　ウ おののく　エ 遅《おそ》かれ早《はや》かれ　オ うつらうつら　カ はつらつ　キ すすぐ　ク 育《はぐく》む　ケ くつがえす

学力《がくりょく》アップ!

「遅《おそ》かれ早《はや》かれ」と似《に》た意味《いみ》の言葉《ことば》に、「早晩《そうばん》」がある。

ステップ1

意味《いみ》のわかる言葉《ことば》に、チェックを入《い》れよう（☑）。

❶ ぶらつく □
❷ ういういしい □
❸ 仕立《した》てる □
❹ つまびらか □
❺ たどたどしい □
❻ はばむ □
❼ 万全《ばんぜん》 □
❽ ひっきりなし □
❾ うなる □

ステップ2

（　）に当《あ》てはまる言葉《ことば》を上《うえ》から選《えら》び、文章《ぶんしょう》を完成《かんせい》させよう。

ア 思《おも》い切《き》って、（　　）英語《えいご》で話《はな》しかけてみる。
イ 一人前《いちにんまえ》の料理人《りょうりにん》に（　　）。
ウ 家《いえ》の近所《きんじょ》を（　　）。
エ 怪《あや》しい人影《ひとかげ》に犬《いぬ》が（　　）。
オ （　　）の状態《じょうたい》で、戦《たたか》いにのぞむ。
カ 相手《あいて》チームの記録《きろく》の達成《たっせい》を（　　）。
キ （　　）な内容《ないよう》はわからない。
ク 制服姿《せいふくすがた》が（　　）。
ケ 朝《あさ》から（　　）に、電話《でんわ》がかかってきている。

※こたえは左《ひだり》ページ下《した》

ステップ3

それぞれの言葉《ことば》の意味《いみ》を、しっかりおぼえよう。

❶ **ぶらつく**
①目的《もくてき》もなく歩《ある》き回《まわ》る。②すぐ前《まえ》にちらつく。

❷ **ういういしい**
幼《おさな》く、清《きよ》らかなようす。

❸ **仕立《した》てる**
①衣服《いふく》をつくり上《あ》げる。②教《おし》えこむ。③事件《じけん》などを、ドラマや芝居《しばい》につくり上《あ》げる。④そうでないものをそれらしく見《み》えるようにする。

❹ **つまびらか**
くわしいようす。

❺ **たどたどしい**
おぼつかない。あぶなっかしい。

❻ **はばむ**
阻止《そし》する。

❼ **万全《ばんぜん》**
まったく欠点《けってん》のないようす。

❽ **ひっきりなし**
絶《た》え間《ま》なく続《つづ》くようす。

❾ **うなる**
①獣《けもの》が低《ひく》い声《こえ》を出《だ》す。②痛《いた》がったり、力《ちから》を入《い》れたりして、低《ひく》い声《こえ》を出《だ》す。③感心《かんしん》して、声《こえ》を出《だ》す。

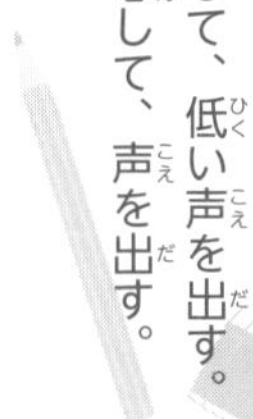

左《ひだり》ページ（97ページ）のこたえ

アもてなす　イはびこる　ウ合理的《ごうりてき》　エ健気《けなげ》　オ希少《きしょう》　カためらう　キわんぱく　クひけらかす　ケくちおしい

学力《がくりょく》アップ！

むだをなくし、仕事《しごと》の効率《こうりつ》を上《あ》げることを、「合理化《ごうりか》」という。

学《まな》んだ語彙数《ごいすう》 808～816

ステップ1 意味《いみ》のわかる言葉《ことば》に、チェックを入《い》れよう（☑）。

1. 希少《きしょう》 □
2. 健気《けなげ》 □
3. ためらう □
4. はびこる □
5. ひけらかす □
6. もてなす □
7. わんぱく □
8. 合理的《ごうりてき》 □
9. くちおしい □

ステップ2 （　）に当《あ》てはまる言葉《ことば》を上《うえ》から選《えら》び、文章《ぶんしょう》を完成《かんせい》させよう。

ア おいしい食事《しょくじ》で（　　　）。

イ 悪《あく》が（　　　）世界《せかい》。

ウ 早《はや》く終《お》わるように、（　　　）な方法《ほうほう》を考《かんが》える。

エ 子《こ》が（　　　）に両親《りょうしん》を看病《かんびょう》する。

オ （　　　）な野生動物《やせいどうぶつ》を保護《ほご》する。

カ 真実《しんじつ》を言《い》おうとして、（　　　）。

キ 双子《ふたご》の弟《おとうと》たちは、どちらも（　　　）で手《て》に負《お》えない。

ク 知識《ちしき》を（　　　）。

ケ 馬鹿《ばか》にされて、（　　　）。

※こたえは右《みぎ》ページ下《した》

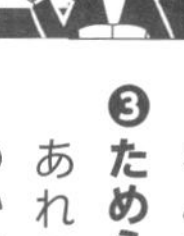

ステップ3 それぞれの言葉《ことば》の意味《いみ》を、しっかりおぼえよう。

1. **希少《きしょう》** 少《すく》なくて、めずらしい。
2. **健気《けなげ》** 心《こころ》がけがしっかりしているようす。
3. **ためらう** あれこれ迷《まよ》って、決心《けっしん》がつかない。
4. **はびこる** ①勢《いきお》いが強《つよ》くなって、広《ひろ》がる。②草《くさ》や木《き》が、盛《さか》んに生《お》いしげる。
5. **ひけらかす** 得意《とくい》そうに見《み》せびらかす。
6. **もてなす** ①手厚《てあつ》く取《と》りあつかう。②ごちそうする。
7. **わんぱく** 子《こ》どもが言《い》うことを聞《き》かないで、元気《げんき》に行動《こうどう》するようす。
8. **合理的《ごうりてき》** 物事《ものごと》の正《ただ》しさ、考《かんが》えの筋《すじ》道《みち》などがしっかりとしていて、納得《なっとく》がいくようす。
9. **くちおしい** 残念《ざんねん》に思《おも》う。くやしい。

学習日《がくしゅうび》　　月　　日

右《みぎ》ページ（96ページ）のこたえ

ア たどたどしい　イ 仕立《した》てる　ウ ぶらつく　エ うなる　オ 万全《ばんぜん》　カ はばむ　キ つまびらか　ク ういういしい　ケ ひっきりなし

学力《がくりょく》アップ！

「うなる」を③の意味《いみ》で使用《しよう》した例文《れいぶん》→「選手《せんしゅ》の見事《みごと》なプレーにうなる」

学習日《がくしゅうび》 月 日

ステップ1

意味《いみ》のわかる言葉《ことば》に、チェックを入《い》れよう(☑)。

❶ 気《き》まずい □
❷ こざっぱり □
❸ いさぎよい □
❹ ほぐす □
❺ けなす □
❻ 力任《ちからまか》せ □
❼ 取《と》り調《しら》べる □
❽ 殺風景《さっぷうけい》 □
❾ ありふれた □

ステップ2

(　)に当《あ》てはまる言葉《ことば》を上《うえ》から選《えら》び、文章《ぶんしょう》を完成《かんせい》させよう。

ア （　　）ストーリーで、物足《ものた》りない。
イ 何《なに》もない（　　）な部屋《へや》。
ウ （　　）した髪型《かみがた》。
エ 軽《かる》い運動《うんどう》で緊張《きんちょう》を（　　）。
オ （　　）に引《ひ》っ張《ぱ》ったら、部品《ぶひん》がとれてしまった。
カ 真相《しんそう》を究明《きゅうめい》するため、刑事《けいじ》が容疑者《ようぎしゃ》を（　　）。
キ 彼《かれ》の（　　）態度《たいど》に感動《かんどう》した。
ク （　　）空気《くうき》が流《なが》れる。
ケ 有名作家《ゆうめいさっか》が、新人作家《しんじんさっか》の作品《さくひん》を（　　）。

※こたえは左《ひだり》ページ下《した》

ステップ3

それぞれの言葉《ことば》の意味《いみ》を、しっかりおぼえよう。

❶ **気《き》まずい**
互《たが》いの気持《きも》ちが通《つう》じ合《あ》わず、嫌《いや》な気持《きも》ちになるようす。

❷ **こざっぱり**
清潔《せいけつ》で、どことなくさっぱりしているようす。

❸ **いさぎよい**
①ひきょうなところがない。
②思《おも》い切《き》りがよい。

❹ **ほぐす**
①ほどく。
②やわらかくする。

❺ **けなす**
悪《わる》く言《い》う。

❻ **力任《ちからまか》せ**
加減《かげん》しないで、力《ちから》いっぱい何《なに》かをするようす。

❼ **取《と》り調《しら》べる**
事件《じけん》や犯人《はんにん》などを、くわしく調《しら》べる。

❽ **殺風景《さっぷうけい》**
景色《けしき》などが、おもしろみのないようす。

❾ **ありふれた**
どこにでもある。

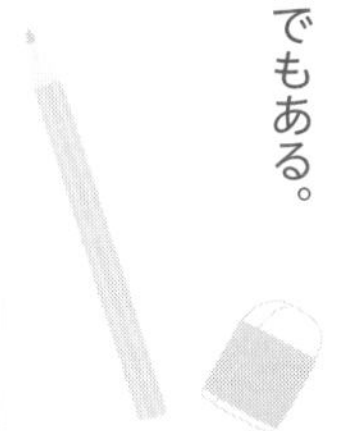

左《ひだり》ページ(99ページ)のこたえ

ア いてつく　イ うだる　ウ ふさわしい　エ 打《う》ち立《た》てる　オ 感傷的《かんしょうてき》　カ まばゆい　キ 急激《きゅうげき》　ク いたたまれない　ケ 言《い》わずと知《し》れた

学力《がくりょく》アップ！

「感傷的《かんしょうてき》」を英語《えいご》にすると「sentimental（センチメンタル）」。

学《まな》んだ語彙数《ごいすう》 826〜834

ステップ1 意味《いみ》のわかる言葉《ことば》に、チェックを入《い》れよう(☑)。

❶ いたたまれない □
❷ 打《う》ち立《た》てる □
❸ 急激《きゅうげき》 □
❹ いてつく □
❺ うだる □
❻ ふさわしい □
❼ 感傷的《かんしょうてき》 □
❽ 言《い》わずと知《し》れた □
❾ まばゆい □

ステップ2 (　)に当《あ》てはまる言葉《ことば》を上《うえ》から選《えら》び、文章《ぶんしょう》を完成《かんせい》させよう。

ア (　　　)ような寒《さむ》さ。
イ (　　　)ような暑《あつ》さ。
ウ この賞《しょう》は、彼女《かのじょ》にこそ(　　　)。
エ この先《さき》、やぶられることがないだろう記録《きろく》を(　　　)。
オ 雨《あめ》の日《ひ》は少《すこ》し(　　　)になる。
カ (　　　)光《ひかり》につつまれる。
キ 昨日《きのう》から、(　　　)に冷《ひ》えこんできた。
ク 大泣《おおな》きする彼女《かのじょ》を見《み》て、(　　　)気持《きも》ちになった。
ケ 彼《かれ》は(　　　)日本映画界《にほんえいがかい》の大物《おおもの》だ。

※ こたえは右《みぎ》ページ下《した》

ステップ3 それぞれの言葉《ことば》の意味《いみ》を、しっかりおぼえよう。

❶ **いたたまれない** それ以上《いじょう》、その場所《ばしょ》にいられないようす。
❷ **打《う》ち立《た》てる** 確立《かくりつ》する。
❸ **急激《きゅうげき》** 変化《へんか》や動《うご》きが、急《きゅう》で激《はげ》しいようす。
❹ **いてつく** こおりつく。
❺ **うだる** 暑《あつ》さのせいで、体《からだ》がぐったりする。
❻ **ふさわしい** よく似合《にあ》っている。
❼ **感傷的《かんしょうてき》** 感情《かんじょう》が動《うご》きやすく、涙《なみだ》もろいようす。
❽ **言《い》わずと知《し》れた** いちいち言《い》わなくてもわかっている。
❾ **まばゆい** ①光《ひかり》が強《つよ》すぎて、しっかり見《み》ることができない。②目《め》をあけられないほど、輝《かがや》くばかりに美《うつく》しい。

学習日《がくしゅうび》　月　日

右《みぎ》ページ(98ページ)のこたえ

アありふれた　イ殺風景《さっぷうけい》　ウこざっぱり　エほぐす　オ力任《ちからまか》せ　カ取《と》り調《しら》べる　キいさぎよい　ク気《き》まずい　ケけなす

学力《がくりょく》アップ！

「ほぐす」を①の意味《いみ》で使用《しよう》した例文《れいぶん》→「もつれた糸《いと》をほぐす」

ステップ1 意味《いみ》のわかる言葉《ことば》に、チェックを入《い》れよう(☑)。

❶ 真《ま》新《あたら》しい □
❷ おどろおどろしい □
❸ うとい □
❹ 劇的《げきてき》 □
❺ つかる □
❻ 乱雑《らんざつ》 □
❼ 不可欠《ふかけつ》 □
❽ はぐらかす □
❾ 平凡《へいぼん》 □

学《まな》んだ語彙数《ごいすう》 835～843

ステップ2 (　)に当《あ》てはまる言葉《ことば》を上《うえ》から選《えら》び、文章《ぶんしょう》を完成《かんせい》させよう。

ア (　　　)な変化《へんか》に驚《おどろ》く。
イ お化《ば》け屋敷《やしき》に入《はい》ると、(　　　)音《おと》が流《なが》れてきた。
ウ テレビを見《み》ないので、流行《りゅうこう》に(　　　)。
エ ゆっくり温泉《おんせん》に(　　　)。
オ (　　　)タオルケットにくるまる。
カ 塩《しお》はこの料理《りょうり》に、(　　　)な調味料《ちょうみりょう》だ。
キ (　　　)な成績《せいせき》。
ク 記者《きしゃ》の質問《しつもん》を(　　　)。
ケ たくさんの本《ほん》が散《ち》らばった、非常《ひじょう》に(　　　)な部屋《へや》。

※こたえは左《ひだり》ページ下《した》

ステップ3 それぞれの言葉《ことば》の意味《いみ》を、しっかりおぼえよう。

❶ **真新《まあたら》しい** 本当《ほんとう》に新《あたら》しい。
❷ **おどろおどろしい** いかにもおそろしい。
❸ **うとい** ①よく知《し》らない。②親《した》しくない。
❹ **劇的《げきてき》** ①劇《げき》を見《み》ているように、感動《かんどう》をおぼえるようす。②劇《げき》のように、変化《へんか》に富《と》んでいるようす。
❺ **つかる** 水《みず》などの中《なか》に入《はい》る。
❻ **乱雑《らんざつ》** 散《ち》らかっているようす。
❼ **不可欠《ふかけつ》** 欠《か》くことのできないこと。
❽ **はぐらかす** 話《はなし》をそらしたり、ぼやかして言《い》ったりして、追求《ついきゅう》を逃《のが》れる。
❾ **平凡《へいぼん》** これといった優《すぐ》れた部分《ぶぶん》や目立《めだ》った部分《ぶぶん》がなく、ありふれていること。

学習日《がくしゅうび》　月　日

左《ひだり》ページ(101ページ)のこたえ

アいささか　イてきぱき　ウこしらえる　エ非凡《ひぼん》　オかねて　カせわしない　キふんばる　ク難解《なんかい》　ケふるって

学力《がくりょく》アップ!

「非凡《ひぼん》」の対義語《たいぎご》は「平凡《へいぼん》」。

学《まな》んだ語彙数《ごいすう》 844〜852

ステップ1

意味《いみ》のわかる言葉《ことば》に、チェックを入《い》れよう（☑）。

1 非凡《ひぼん》 □

2 ふるって □

3 かねて □

4 こしらえる □

5 てきぱき □

6 難解《なんかい》 □

7 ふんばる □

8 せわしない □

9 いささか □

ステップ2

（　）に当《あ》てはまる言葉《ことば》を上《うえ》から選《えら》び、文章《ぶんしょう》を完成《かんせい》させよう。

ア （　　）面倒《めんどう》なことが起《お》きた。

イ （　　）と指示《しじ》を出《だ》す。

ウ だんごを（　　）。

エ （　　）な才能《さいのう》の持《も》ち主《ぬし》。

オ （　　）からの計画《けいかく》を、実行《じっこう》に移《うつ》す。

カ 相変《あいか》わらず彼《かれ》は、（　　）毎日《まいにち》を送《おく》っている。

キ つらいことも多《おお》いが、負《ま》けずに（　　）。

ク （　　）なクイズに、頭《あたま》をなやます。

ケ （　　）ご応募《おうぼ》ください。

※こたえは右《みぎ》ページ下《した》

ステップ3

それぞれの言葉《ことば》の意味《いみ》を、しっかりおぼえよう。

1 **非凡《ひぼん》**
普通《ふつう》よりずっと優《すぐ》れていること。

2 **ふるって**
積極的《せっきょくてき》に。元気《げんき》を出《だ》して。

3 **かねて**
前々《まえまえ》から。

4 **こしらえる**
①つくり上《あ》げる。
②あらゆる手段《しゅだん》をもちいて、金《かね》などを用意《ようい》する。
③工夫《くふう》して美《うつく》しく見《み》せようとする。

5 **てきぱき**
素早《すばや》く、手際《てぎわ》よく仕事《しごと》をおこなっているようす。

6 **難解《なんかい》**
理解《りかい》しにくいこと。

7 **ふんばる**
①足《あし》を開《ひら》き、ふみしめる。
②がんばる。こらえる。

8 **せわしない**
①いそがしくて、休《やす》んでいるひまがない。
②心《こころ》が落《お》ち着《つ》かない。

9 **いささか**
少《すこ》しばかり。わずか。

学習日《がくしゅうび》 　月　　日

右《みぎ》ページ（100ページ）のこたえ

ア劇的《げきてき》 イおどろおどろしい ウうとい エつかる オ真新《まあたら》しい カ不可欠《ふかけつ》 キ平凡《へいぼん》 クはぐらかす ケ乱雑《らんざつ》

学力《がくりょく》アップ！

「劇的《げきてき》」を英語《えいご》にすると「dramatic（ドラマチック）」。

ステップ1

意味《いみ》のわかる言葉《ことば》に、チェックを入《い》れよう（☑）。

❶ 誠実《せいじつ》 □
❷ 期《き》せずして □
❸ 手厚《てあつ》い □
❹ 手厳《てきび》しい □
❺ 歯《は》がゆい □
❻ 面《おも》はゆい □
❼ ぼやく □
❽ つめかける □
❾ 極端《きょくたん》 □

ステップ2

（　）に当《あ》てはまる言葉《ことば》を上《うえ》から選《えら》び、文章《ぶんしょう》を完成《かんせい》させよう。

ア（　　　）保護《ほご》。
イ（　　　）な人《ひと》がらの彼《かれ》は、みんなから愛《あい》されている。
ウ みんなの前《まえ》でほめられ、（　　　）。
エ（　　　）駅《えき》で彼《かれ》に会《あ》った。
オ 何度《なんど》かけても電話中《でんわちゅう》で、（　　　）思《おも》いをする。
カ（　　　）感想《かんそう》をもらい、反省《はんせい》する。
キ 開店《かいてん》したデパートに、大勢《おおぜい》の人《ひと》が（　　　）。
ク 給料《きゅうりょう》が少《すく》ないと（　　　）。
ケ 彼《かれ》の言動《げんどう》は（　　　）で困《こま》る。

※こたえは左《ひだり》ページ下《した》

ステップ3

それぞれの言葉《ことば》の意味《いみ》を、しっかりおぼえよう。

❶ **誠実《せいじつ》**
うそのない心《こころ》で、発言《はつげん》したり行動《こうどう》したりすること。また、そのようす。

❷ **期《き》せずして**
偶然《ぐうぜん》に。思《おも》いがけず。

❸ **手厚《てあつ》い**
あつかいが、非常《ひじょう》に丁寧《ていねい》だ。

❹ **手厳《てきび》しい**
非常《ひじょう》に厳《きび》しい。

❺ **歯《は》がゆい**
じれったい。思《おも》うようにならなくて、いらいらする。

❻ **面《おも》はゆい**
照《て》れくさい。恥《は》ずかしい。

❼ **ぼやく**
ぶつぶつと不平《ふへい》を言《い》う。

❽ **つめかける**
大勢《おおぜい》が、ひとつの場所《ばしょ》に集《あつ》まってくる。

❾ **極端《きょくたん》**
①非常《ひじょう》にかたよっていること。また、そのようす。
②いちばん端《はし》。

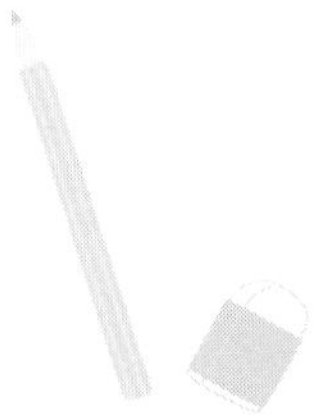

左《ひだり》ページ（103ページ）のこたえ

アがめつい　イまつわる　ウ利発《りはつ》　エ名高《なだか》い　オむずむず　カとぼける
キ思《おも》う存分《ぞんぶん》　ク終生《しゅうせい》　ケことごとく

学力《がくりょく》アップ！

「むずむず」を②の意味《いみ》で使用《しよう》した例文《れいぶん》→「見《み》ていることしかできず、むずむずする」

学《まな》んだ語彙数《ごいすう》 853～861

学習日《がくしゅうび》　月　日

学《まな》んだ語彙数《ごいすう》 862〜870

意味《いみ》のわかる言葉《ことば》に、チェックを入《い》れよう(☑)。 ステップ1

1 むずむず □
2 思《おも》う存分《ぞんぶん》 □
3 ことごとく □
4 名高《なだか》い □
5 まつわる □
6 利発《りはつ》 □
7 がめつい □
8 とぼける □
9 終生《しゅうせい》 □

( )に当《あ》てはまる言葉《ことば》を上《うえ》から選《えら》び、文章《ぶんしょう》を完成《かんせい》させよう。 ステップ2

ア お金《かね》が大好《だいす》きな( )男《おとこ》。
イ この寺《てら》に( )怪談《かいだん》。
ウ はきはきとした( )な子《こ》ども。
エ 国際的《こくさいてき》に( )音楽家《おんがくか》。
オ 朝《あさ》から背中《せなか》が( )する。
カ 聞《き》いたことがないと、( )。
キ 遊園地《ゆうえんち》で( )楽《たの》しんだ。
ク ( )忘《わす》れることができない出来事《できごと》。
ケ ぼくが出《だ》したたくさんのアイディアは、( )否定《ひてい》された。

※こたえは右《みぎ》ページ下《した》

それぞれの言葉《ことば》の意味《いみ》を、しっかりおぼえよう。 ステップ3

1 むずむず
①虫《むし》などがはっているような、かゆい感《かん》じがするようす。
②やる気《き》はあるがそれをできず、落《お》ち着《つ》かないようす。

2 思《おも》う存分《ぞんぶん》
満足《まんぞく》するまで。思《おも》いきり。

3 ことごとく
それに関《かん》するものすべて。

4 名高《なだか》い
有名《ゆうめい》である。

5 まつわる
①からみつく。②関連《かんれん》がある。

6 利発《りはつ》
かしこいこと。

7 がめつい
利益《りえき》を得《え》ることに積極的《せっきょくてき》で、その機会《きかい》を逃《のが》さない。けちである。

8 とぼける
①知《し》っているのに、知《し》らないふりをする。
②おかしな言動《げんどう》をする。

9 終生《しゅうせい》
生命《せいめい》が終《お》わるまでのあいだ。一生《いっしょう》。

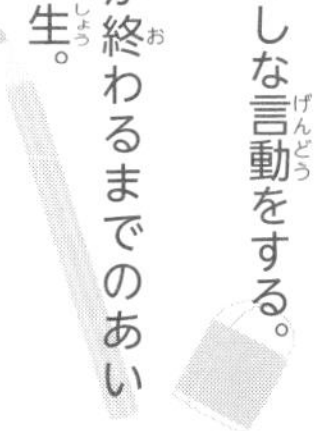

学習日《がくしゅうび》 月 日

右《みぎ》ページ(102ページ)のこたえ

ア手厚《てあつ》い イ誠実《せいじつ》 ウ面《おも》はゆい エ期せずして オ歯《は》がゆい カ手厳《てきび》しい キつめかける クぼやく ケ極端《きょくたん》

学力《がくりょく》アップ!

「誠実《せいじつ》」の対義語《たいぎご》は「不誠実《ふせいじつ》」。

学《まな》んだ語彙数《ごいすう》 871〜879

ステップ1

意味《いみ》のわかる言葉《ことば》に、チェックを入《い》れよう（☑）。

❶ あらんかぎり □
❷ 思《おも》わせぶり □
❸ こわばる □
❹ しかるべき □
❺ 小気味《こきみ》よい □
❻ ひとしお □
❼ まどろむ □
❽ さりげない □
❾ あくせく □

ステップ2

（　）に当《あ》てはまる言葉《ことば》を上《うえ》から選《えら》び、文章《ぶんしょう》を完成《かんせい》させよう。

ア だれよりも努力《どりょく》していたので よろこびも（　　）だ。
イ 居間《いま》で（　　）。
ウ （　　）の力《ちから》を出《だ》す。
エ （　　）働《はたら》く。
オ （　　）な発言《はつげん》をする。
カ 魚屋《さかなや》さんの（　　）かけ声《ごえ》がひびく。
キ （　　）人《ひと》に、コーチを頼《たの》む。
ク 緊張《きんちょう》で顔《かお》が（　　）。
ケ 彼女《かのじょ》の（　　）優《やさ》しさに感謝《かんしゃ》する。

※こたえは左《ひだり》ページ下《した》

ステップ3

それぞれの言葉《ことば》の意味《いみ》を、しっかりおぼえよう。

❶ **あらんかぎり**
あるだけ全部《ぜんぶ》。

❷ **思《おも》わせぶり**
相手《あいて》の気《き》をもたせるようなことを言《い》ったり、振《ふ》るまったりするようす。

❸ **こわばる**
やわらかかったものが、かたくなる。

❹ **しかるべき**
①ふさわしい。
②当然《とうぜん》そうあるべき。

❺ **小気味《こきみ》よい**
非常《ひじょう》に気持《きも》ちがよい。

❻ **ひとしお**
いっそう。ひときわ。

❼ **まどろむ**
少《すこ》しのあいだ、眠《ねむ》る。うとうとする。

❽ **さりげない**
考《かんが》えや感情《かんじょう》を表《おもて》に出《だ》さないようす。

❾ **あくせく**
気持《きも》ちがせかせかして、落《お》ち着《つ》かないようす。

学習日《がくしゅうび》　月　日

左《ひだり》ページ（105ページ）のこたえ

アかかげる　イときめく　ウこともあろうに　エつんざく　オしかつめらしい　カ事務的《じむてき》　キあまねく　クたわいない　ケなじる

学力《がくりょく》アップ！

「あまねく」は、広《ひろ》く行《い》きわたっているようすをいった言葉《ことば》。

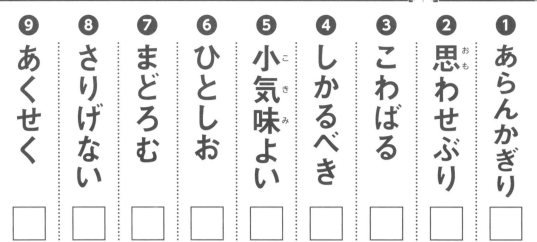

学《まな》んだ語彙数《ごいすう》 880〜888

ステップ1

意味《いみ》のわかる言葉《ことば》に、チェックを入《い》れよう（☑）。

❶ 事務的《じむてき》 □
❷ かかげる □
❸ あまねく □
❹ ときめく □
❺ たわいない □
❻ しかつめらしい □
❼ なじる □
❽ ともあろうに □
❾ つんざく □

ステップ2

（　）に当《あ》てはまる言葉《ことば》を上《うえ》から選《えら》び、文章《ぶんしょう》を完成《かんせい》させよう。

ア 旗《はた》を（　　　）。
イ 胸《むね》が（　　　）。
ウ （　　　）、こんな時《とき》にやって来《く》るなんて。
エ 耳《みみ》を（　　　）ような大音量《だいおんりょう》。
オ （　　　）顔《かお》で話《はな》す。
カ てきぱきと（　　　）に処理《しょり》する。
キ 名声《めいせい》が（　　　）知《し》れわたる。
ク 友達《ともだち》と（　　　）冗談《じょうだん》を言《い》い合《あ》う。
ケ ミスをした選手《せんしゅ》を（　　　）。

※こたえは右《みぎ》ページ下《した》

ステップ3

それぞれの言葉《ことば》の意味《いみ》を、しっかりおぼえよう。

❶ **事務的《じむてき》** 感情《かんじょう》を交《まじ》えず、落《お》ち着《つ》いて作業《さぎょう》をおこなうようす。
❷ **かかげる** ①高《たか》くあげる。②新聞《しんぶん》や本《ほん》などで、目立《めだ》つ場所《ばしょ》に載《の》せる。
❸ **あまねく** 広《ひろ》く。一般《いっぱん》に。
❹ **ときめく** 興奮《こうふん》や期待《きたい》などで、胸《むね》がどきどきする。
❺ **たわいない** ①きちんとした考《かんが》えがない。②手《て》ごたえがない。
❻ **しかつめらしい** ①かた苦《くる》しくて、もったいぶっているようす。②もっともらしい。
❼ **なじる** 相手《あいて》のよくない点《てん》などを、問《と》いつめ、責《せ》める。
❽ **ともあろうに** よりによって。
❾ **つんざく** 突《つ》きやぶる。

学習日《がくしゅうび》　　月　　日

右《みぎ》ページ（104ページ）のこたえ

ア ひとしお　イ まどろむ　ウ あらんかぎり　エ あくせく　オ 思《おも》わせぶり　カ 小気味《こきみ》よい　キ しかるべき　ク こわばる　ケ さりげない

学力《がくりょく》アップ！

「ひとしお」のもとの意味《いみ》は、「染《そ》め物《もの》を、染《そ》め液《えき》に1回《かい》つけること」。

学《まな》んだ語彙数《ごいすう》 889～896

学習日《がくしゅうび》 月 日

ステップ1 意味《いみ》のわかる言葉《ことば》に、チェックを入《い》れよう(☑)。

❶ いかめしい □
❷ うそぶく □
❸ 当《あ》てずっぽう □
❹ 格段《かくだん》 □
❺ 授《さず》ける □
❻ ほどよい □
❼ まんべんなく □
❽ しきりに □

ステップ2 (　)に当《あ》てはまる言葉《ことば》を上《うえ》から選《えら》び、文章《ぶんしょう》を完成《かんせい》させよう。

ア (　　)の進歩《しんぽ》をとげる。
イ ストーブをつけたので、部屋《へや》が(　　)温度《おんど》になった。
ウ ぼくには関係《かんけい》ないと、(　　)。
エ (　　)顔《かお》つき。
オ 幸運《こううん》を(　　)。
カ (　　)に答《こた》える。
キ 同《おな》じクラブに入《はい》るよう、(　　)さそわれた。
ク 表面《ひょうめん》に砂糖《さとう》を(　　)ふりかける。

※こたえはこのページ下《した》

ステップ3 それぞれの言葉《ことば》の意味《いみ》を、しっかりおぼえよう。

❶ **いかめしい** ①重々《おもおも》しく、近寄《ちかよ》りがたい。②厳重《げんじゅう》である。
❷ **うそぶく** ①とぼける。②えらそうに、大《おお》きなことを言《い》う。
❸ **当《あ》てずっぽう** でたらめな見通《みとお》しでおこなうようす。
❹ **格段《かくだん》** 程度《ていど》の差《さ》が、たいへん大《おお》きいようす。
❺ **授《さず》ける** ①目上《めうえ》の者《もの》が、目下《めした》の者《もの》に与《あた》える。②教《おし》え伝《つた》える。
❻ **ほどよい** ちょうどよい。
❼ **まんべんなく** 残《のこ》るところなく。
❽ **しきりに** ①何度《なんど》も。②熱心《ねっしん》に。

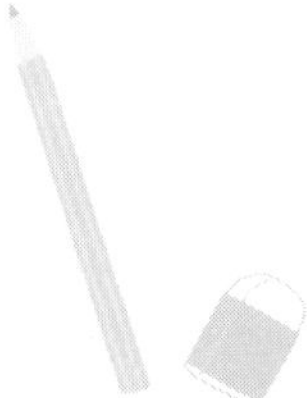

このページ(106ページ)のこたえ

ア格段《かくだん》 イほどよい ウうそぶく エいかめしい オ授《さず》ける カ当《あ》てずっぽう キしきりに クまんべんなく

学力《がくりょく》アップ！

「いかめしい」と似《に》た言葉《ことば》に「ものものしい」がある。

2章《しょう》 復習《ふくしゅう》テスト

学習日《がくしゅうび》　　月　　日

40問中《もんちゅう》　　問正解《もんせいかい》（35問以上《もんいじょう》で合格《ごうかく》！）

1

（　）に入《はい》るもっとも適切《てきせつ》な言葉《ことば》をそれぞれ選《えら》びましょう。

① 雪《ゆき》が（　　）。〈ちらつく・報《むく》いる・ぬぐう〉

② 服装《ふくそう》を（　　）。〈改《あらた》める・構《かま》える・務《つと》める〉

③ 記憶《きおく》が（　　）。〈うそぶく・担《にな》う・おぼつかない〉

④ 背広《せびろ》を（　　）。〈いなす・仕立《した》てる・蒸《む》し返《かえ》す〉

⑤ 攻撃《こうげき》を（　　）。〈しのぐ・ゆだねる・いたわる〉

⑥ 顔《かお》が（　　）。〈かばう・どよめく・やわらぐ〉

2

次《つぎ》の言葉《ことば》と似《に》た意味《いみ》の言葉《ことば》をあとから選《えら》びましょう。

① ごまかす（　　）

② あいまい（　　）

③ 平等《びょうどう》（　　）

④ 計算高《けいさんだか》い（　　）

⑤ 切実《せつじつ》（　　）

⑥ ずうずうしい（　　）

⑦ 強情《ごうじょう》（　　）

⑧ 突然《とつぜん》（　　）

⑨ 中途半端《ちゅうとはんぱ》（　　）

⑩ 多少《たしょう》（　　）

均等《きんとう》
かたくな
いつわる
若干《じゃっかん》
深刻《しんこく》
打算的《ださんてき》
厚《あつ》かましい
生半可《なまはんか》
不意《ふい》
あやふや

※次《つぎ》のページに続《つづ》きます。

3

次《つぎ》の言葉《ことば》の対義語《たいぎご》をあとから選《えら》び、漢字《かんじ》に直《なお》して書《か》きましょう。

① 温暖《おんだん》 ↔ （　　）
② 過少《かしょう》 ↔ （　　）
③ 興奮《こうふん》 ↔ （　　）
④ 不明《ふめい》 ↔ （　　）
⑤ 積極的《せっきょくてき》 ↔ （　　）
⑥ 過小《かしょう》 ↔ （　　）
⑦ 正当《せいとう》 ↔ （　　）
⑧ 慎重《しんちょう》 ↔ （　　）
⑨ 平凡《へいぼん》 ↔ （　　）

けいそつ　ふとう　しょうきょくてき
かだい　れいせい　かんれい　かた
ひぼん　めいはく

4

次《つぎ》の言葉《ことば》は、意味《いみ》の間違《まちが》いやすい言葉《ことば》です。アとイの文章《ぶんしょう》で、言葉《ことば》を正《ただ》しく使《つか》っているほうに○をつけましょう。

① **耳障《みみざわ》り**
ア 彼女《かのじょ》の美《うつく》しい歌声《うたごえ》はとても耳障《みみざわ》りがよい。
イ さっきから、カの羽音《はおと》がとても耳障《みみざわ》りだ。

② **につまる**
ア アイディアが出《で》ず、話《はな》し合《あ》いがにつまる。
イ 話《はな》し合《あ》いが順調《じゅんちょう》に進《すす》み、計画《けいかく》がにつまる。

③ **いななく**
ア 牧場《ぼくじょう》の馬《うま》がいななく。
イ 野生《やせい》の鹿《しか》がいななく。

④ **手《て》持《も》ちぶさた**
ア 待《ま》っているあいだ、手《て》持《も》ちぶさたで困《こま》った。
イ 手《て》持《も》ちぶさたで、そうじをするひまがない。

5

□の中《なか》に入《はい》る漢字《かんじ》をあとから選《えら》び、書《か》き入《い》れましょう。

① □□的《てき》
意味《いみ》……ふたつの違《ちが》いが際立《きわだ》って目立《めだ》っているようす。

② □□的《てき》
意味《いみ》……感情《かんじょう》を交《まじ》えず、落《お》ち着《つ》いて作業《さぎょう》をおこなうようす。

③ □□的《てき》
意味《いみ》……そのものの特徴《とくちょう》をよくあらわしているようす。

④ □□的《てき》
意味《いみ》……実際《じっさい》の形《かたち》や内容《ないよう》が、はっきりわかるようす。

⑤ □□的《てき》
意味《いみ》……ある一定《いってい》の地域《ちいき》に限《かぎ》られているようす。

局 具 型 事 照 体 対 地 典 務

6

①～⑥には、ある言葉《ことば》の意味《いみ》が書《か》かれています。その言葉《ことば》が正《ただ》しく書《か》かれているのは、アとイのどちらでしょうか。

① さわがしい。
ア かまびすしい
イ かびますしい

② くわしいようす。
ア つまみらか
イ つまびらか

③ たくさん食《た》べたり、飲《の》んだりするようす。
ア たらふく
イ たふらく

④ 朝《あさ》から晩《ばん》まで。一日中《いちにちじゅう》。
ア ひもねす
イ ひねもす

⑤ かた苦《くる》しい。
ア しかつめらしい
イ しかめつらしい

⑥ まるで。
ア あかたも
イ あたかも

「2章《しょう》 復習《ふくしゅう》テスト」のこたえは136～137ページにあります。

学《まな》んだ語彙数《ごいすう》 897〜904

ステップ1

意味《いみ》のわかる言葉《ことば》に、チェックを入《い》れよう(☑)。

❶ 朝飯前《あさめしまえ》 □
❷ 一目置《いちもくお》く □
❸ 馬《うま》の耳《みみ》に念仏《ねんぶつ》 □
❹ 五分五分《ごぶごぶ》 □
❺ 堂々《どうどう》めぐり □
❻ はいて捨《す》てるほど □
❼ 門前払《もんぜんばら》い □
❽ 下馬評《げばひょう》 □

ステップ2

(　)に当《あ》てはまる言葉《ことば》を上《うえ》から選《えら》び、文章《ぶんしょう》を完成《かんせい》させよう。

ア いくら説明《せつめい》しても、彼《かれ》には(　　　)だ。
イ 話《はなし》が(　　　)する。
ウ それくらいのこと、ぼくには(　　　)だ。
エ たずねてみたが、(　　　)をくらった。
オ 君程度《きみていど》の実力《じつりょく》の人《ひと》は、(　　　)いるよ。
カ 成否《せいひ》は(　　　)だ。
キ (　　　)に上《のぼ》る。
ク だれもが(　　　)存在《そんざい》。

※こたえは左《ひだり》ページ下《した》

ステップ3

それぞれの言葉《ことば》の意味《いみ》を、しっかりおぼえよう。

❶ **朝飯前《あさめしまえ》**
簡単《かんたん》にできること。

❷ **一目置《いちもくお》く**
相手《あいて》の能力《のうりょく》が自分《じぶん》より優《すぐ》れているとみとめ、尊敬《そんけい》すること。

❸ **馬《うま》の耳《みみ》に念仏《ねんぶつ》**
どんなに意見《いけん》を言《い》っても、むだであること。

❹ **五分五分《ごぶごぶ》**
①ふたつのことの可能性《かのうせい》が、同《おな》じくらいであること。
②ふたつのもののあいだで、優劣《ゆうれつ》の差《さ》がないこと。

❺ **堂々《どうどう》めぐり**
同《おな》じことを何度《なんど》もくり返《かえ》し、進《すす》まないこと。

❻ **はいて捨《す》てるほど**
非常《ひじょう》に多《おお》くて、ありあまっているようす。

❼ **門前払《もんぜんばら》い**
会《あ》おうとしてやって来《き》た人《ひと》を、会《あ》わずに帰《かえ》らせること。

❽ **下馬評《げばひょう》**
そのことがらに関係《かんけい》のない人《ひと》たちがする、うわさや批評《ひひょう》。

学習日《がくしゅうび》　　月　　日

左《ひだり》ページ(111ページ)のこたえ

ア けんもほろろ　イ 足《あし》を向《む》けて寝《ね》られない　ウ 足手《あしで》まとい　エ 弘法《こうぼう》にも筆《ふで》の誤《あやま》り
オ 不退転《ふたいてん》　カ お茶《ちゃ》をにごす　キ 上《うえ》には上《うえ》がある　ク 不幸中《ふこうちゅう》の幸《さいわ》い　ケ 息《いき》をのむ

学力《がくりょく》アップ！

「足《あし》を向《む》けて寝《ね》られない」は、尊敬《そんけい》や感謝《かんしゃ》の気持《きも》ちをあらわす言葉《ことば》。

学《まな》んだ語彙数《ごいすう》 905〜913

ステップ1

意味《いみ》のわかる言葉《ことば》に、チェックを入《い》れよう（☑）。

❶ 息《いき》をのむ □

❷ 足《あし》を向《む》けて寝《ね》られない □

❸ 足手《あしで》まとい □

❹ 上《うえ》には上《うえ》がある □

❺ お茶《ちゃ》をにごす □

❻ 弘法《こうぼう》にも筆《ふで》の誤《あやま》り □

❼ 不退転《ふたいてん》 □

❽ けんもほろろ □

❾ 不幸中《ふこうちゅう》の幸《さいわ》い □

ステップ2

（　）に当《あ》てはまる言葉《ことば》を上《うえ》から選《えら》び、文章《ぶんしょう》を完成《かんせい》させよう。

ア （　　）に断《ことわ》られる。

イ お世話《せわ》になった先生《せんせい》には、（　　）。

ウ チームの（　　）にならないよう、がんばる。

エ まさか彼《かれ》が失敗《しっぱい》するなんて。まさしく（　　）だね。

オ （　　）の決意《けつい》。

カ 冗談《じょうだん》で（　　）。

キ 世《よ》の中《なか》にはこんな強《つよ》い人《ひと》がいるなんて、（　　）ものだ。

ク 大《おお》きな事故《じこ》だったが、けが人《にん》がいなかったのは（　　）だ。

ケ 美《うつく》しさに（　　）。

※こたえは右《みぎ》ページ下《した》

ステップ3

それぞれの言葉《ことば》の意味《いみ》を、しっかりおぼえよう。

❶ **息《いき》をのむ**
あまりの驚《おどろ》きや感動《かんどう》で、息《いき》をとめる

❷ **足《あし》を向《む》けて寝《ね》られない**
恩人《おんじん》に、足《あし》を向《む》けて寝《ね》るような失礼《しつれい》なことはできない。

❸ **足手《あしで》まとい**
活動《かつどう》のじゃまになること。また、じゃまになる人《ひと》。

❹ **上《うえ》には上《うえ》がある**
最高《さいこう》だと思《おも》っても、さらにその上《うえ》をいくものがあるものだ。

❺ **お茶《ちゃ》をにごす**
いいかげんなことを言《い》って、その場《ば》をごまかす。

❻ **弘法《こうぼう》にも筆《ふで》の誤《あやま》り**
その道《みち》の達人《たつじん》でも、時《とき》には失敗《しっぱい》することがある。

❼ **不退転《ふたいてん》**
かたく信《しん》じること。屈《くっ》しないこと。

❽ **けんもほろろ**
頼《たの》みごとなどを、冷《つめ》たく断《ことわ》るようす。

❾ **不幸中《ふこうちゅう》の幸《さいわ》い**
不幸《ふこう》な出来事《できごと》の中《なか》にある、救《すく》いとなるような幸運《こううん》。

学習日《がくしゅうび》　　月　　日

右《みぎ》ページ（110ページ）のこたえ

ア 馬《うま》の耳《みみ》に念仏《ねんぶつ》　イ 堂々《どうどう》めぐり　ウ 朝飯前《あさめしまえ》　エ 門前払《もんぜんばら》い　オ はいて捨《す》てるほど　カ 五分五分《ごぶごぶ》　キ 下馬評《げばひょう》　ク 一目置《いちもくお》く

学力《がくりょく》アップ！

「馬《うま》の耳《みみ》に念仏《ねんぶつ》」と似《に》た意味《いみ》の四字熟語《よじじゅくご》に、「馬耳東風《ばじとうふう》」がある。

ステップ1 意味《いみ》のわかる言葉《ことば》に、チェックを入《い》れよう(☑)。

1. 電光石火《でんこうせっか》 □
2. 牛《うし》の歩《あゆ》み □
3. 果報《かほう》は寝《ね》て待《ま》て □
4. 切《き》り札《ふだ》 □
5. どんぐりの背比《せいくら》べ □
6. 目途《めど》がつく □
7. 申《もう》し分《ぶん》ない □
8. 二《に》の足《あし》をふむ □
9. 後悔先《こうかいかい》に立《た》たず □

ステップ2 (　)に当《あ》てはまる言葉《ことば》を上《うえ》から選《えら》び、文章《ぶんしょう》を完成《かんせい》させよう。

ア あせっても仕方《しかた》がない。(　　　)だ。

イ あんなことしなければよかった。(　　　)だ。

ウ (　　　)の早《はや》わざ。

エ (　　　)条件《じょうけん》。

オ オーディションの出場者《しゅつじょうしゃ》はみな、(　　　)だった。

カ 仕事《しごと》の終《お》わる(　　　)。

キ (　　　)で、だらだら会議《かいぎ》が進行《しんこう》する。

ク 実行《じっこう》に(　　　)。

ケ 彼女《かのじょ》はこのチームの(　　　)的存在《てきそんざい》です。

※こたえは左《ひだり》ページ下《した》

ステップ3 それぞれの言葉《ことば》の意味《いみ》を、しっかりおぼえよう。

1. **電光石火《でんこうせっか》**
①非常《ひじょう》に短《みじか》い時間《じかん》のたとえ。②動作《どうさ》などが、きわめて速《はや》いこと。

2. **牛《うし》の歩《あゆ》み**
牛《うし》がのろのろ歩《ある》くように、物事《ものごと》の進展《しんてん》がおそいこと。

3. **果報《かほう》は寝《ね》て待《ま》て**
幸運《こううん》は人間《にんげん》の力《ちから》で引《ひ》き寄《よ》せられないので、あせらずチャンスを待《ま》てばよい。

4. **切《き》り札《ふだ》**
最後《さいご》に出《だ》す、とっておきの有力《ゆうりょく》な手段《しゅだん》。

5. **どんぐりの背比《せいくら》べ**
みんな平凡《へいぼん》で、とくに優《すぐ》れたものがないこと。

6. **目途《めど》がつく**
見通《みとお》しや予測《よそく》がつく。

7. **申《もう》し分《ぶん》ない**
欠点《けってん》がなく、文句《もんく》のつけようがない。

8. **二《に》の足《あし》をふむ**
ためらう。

9. **後悔先《こうかいかい》に立《た》たず**
してしまったことは、あとでくやんでも取《と》り返《かえ》しがつかない。

学《まな》んだ語彙数《ごいすう》 914〜922

学習日《がくしゅうび》 　月　　日

左《ひだり》ページ(113ページ)のこたえ

ア口《くち》を出《だ》す　イ羽《はね》をのばす　ウ急転直下《きゅうてんちょっか》　エ心《こころ》を打《う》つ　オ一《いち》から十《じゅう》まで
カ口《くち》が軽《かる》い　キ釘《くぎ》をさす　ク有名無実《ゆうめいむじつ》　ケ晴耕雨読《せいこううどく》

学力《がくりょく》アップ!

「口《くち》が軽《かる》い」の対義語《たいぎご》は「口《くち》がかたい」で、意味《いみ》は「秘密《ひみつ》をもらさない」。

意味《いみ》のわかる言葉《ことば》に、チェックを入《い》れよう（☑）。 ステップ1

❶ 一《いち》から十《じゅう》まで □
❷ 急転直下《きゅうてんちょっか》 □
❸ 釘《くぎ》をさす □
❹ 口《くち》が軽《かる》い □
❺ 口《くち》を出《だ》す □
❻ 心《こころ》を打《う》つ □
❼ 羽《はね》をのばす □
❽ 有名無実《ゆうめいむじつ》 □
❾ 晴耕雨読《せいこううどく》 □

（　）に当《あ》てはまる言葉《ことば》を上《うえ》から選《えら》び、文章《ぶんしょう》を完成《かんせい》させよう。 ステップ2

ア 父《ちち》はすぐ人《ひと》のことに（　　　）。
イ 休《やす》みをとって、（　　　）。
ウ （　　　）で決《き》まる。
エ 人々《ひとびと》の（　　　）作品《さくひん》。
オ 彼《かれ》には（　　　）まで、世話《せわ》になりっぱなしだ。
カ 彼《かれ》は（　　　）ので、信用《しんよう》ができない。
キ 夕方《ゆうがた》5時《じ》までにもどるよう、（　　　）。
ク （　　　）な規則《きそく》。
ケ （　　　）の毎日《まいにち》。

※こたえは右《みぎ》ページ下《した》

それぞれの言葉《ことば》の意味《いみ》を、しっかりおぼえよう。 ステップ3

❶ **一《いち》から十《じゅう》まで** 何《なに》から何《なに》まで。すべて。

❷ **急転直下《きゅうてんちょっか》** 状況《じょうきょう》が急《きゅう》に変《か》わり、すみやかに解決《かいけつ》に向《む》かうこと。

❸ **釘《くぎ》をさす** あとで問題《もんだい》が起《お》こらないように、重《かさ》ねて注意《ちゅうい》する。

❹ **口《くち》が軽《かる》い** 軽率《けいそつ》で言《い》ってはいけないことを口《くち》に出《だ》してしまう。

❺ **口《くち》を出《だ》す** 他人《たにん》に対《たい》し、余計《よけい》な意見《いけん》をする。

❻ **心《こころ》を打《う》つ** 感動《かんどう》させる。

❼ **羽《はね》をのばす** 行動《こうどう》を制限《せいげん》しているものがなくなり、のびのび振《ふ》るまう。

❽ **有名無実《ゆうめいむじつ》** 名《な》ばかりで、実質《じっしつ》がそれにともなわないこと。

❾ **晴耕雨読《せいこううどく》** 晴《は》れた日《ひ》には田畑《たはた》を耕《たがや》し、雨《あめ》の日《ひ》には家《いえ》で読書《どくしょ》する。世間《せけん》のことにわずらわされず、自分《じぶん》の思《おも》うままに生活《せいかつ》を送《おく》ること。

学《まな》んだ語彙数《ごいすう》 923～931

学習日《がくしゅうび》　月　日

右《みぎ》ページ（112ページ）のこたえ

ア果報《かほう》は寝《ね》て待《ま》て　イ後悔先《こうかいさき》に立《た》たず　ウ電光石火《でんこうせっか》　エ申《もう》し分《ぶん》ない　オどんぐりの背比《せいくら》べ　カ目途《めど》がつく　キ牛《うし》の歩《あゆ》み　ク二《に》の足《あし》をふむ　ケ切《き》り札《ふだ》

学力《がくりょく》アップ！

「二《に》の足《あし》をふむ」は、「一歩目《いっぽめ》は進《すす》んでも、二歩目《にほめ》はためらって足踏《あしぶ》みする」の意《い》。

意味《いみ》のわかる言葉《ことば》に、チェックを入《い》れよう(☑)。 ステップ1

❶ 一期一会《いちごいちえ》 □
❷ 泣《な》くに泣《な》けない □
❸ 目頭《めがしら》が熱《あつ》くなる □
❹ 目《め》がない □
❺ 目《め》が回《まわ》る □
❻ 目《め》と鼻《はな》の先《さき》 □
❼ 目《め》を配《くば》る □
❽ 目《め》をこらす □
❾ お門違《かどちが》い □

(　)に当《あ》てはまる言葉《ことば》を上《うえ》から選《えら》び、文章《ぶんしょう》を完成《かんせい》させよう。 ステップ2

㋐ いそがしくて(　　)。
㋑ クラス全員《ぜんいん》に(　　)。
㋒ 父《ちち》は和菓子《わがし》に(　　)。
㋓ (　　)と思《おも》い、ひとつひとつの出会《であ》いを大事《だいじ》にする。
㋔ こんなことで失格《しっかく》になっては(　　)。
㋕ 暗《くら》やみで(　　)。
㋖ 駅《えき》は(　　)にある。
㋗ 彼女《かのじょ》の苦労話《くろうばなし》を聞《き》いて、(　　)。
㋘ 私《わたし》に文句《もんく》を言《い》うのは、(　　)だ。

※こたえは左《ひだり》ページ下《した》

学《まな》んだ語彙数《ごいすう》 932～940

それぞれの言葉《ことば》の意味《いみ》を、しっかりおぼえよう。 ステップ3

❶ **一期一会《いちごいちえ》**
一生《いっしょう》に一度《いちど》の出会《であ》いかもしれないので、ひとつひとつの出会《であ》いを大切《たいせつ》にしよう。

❷ **泣《な》くに泣《な》けない**
泣《な》いたくらいではどうしようもないほど、くやしくて、つらい。

❸ **目頭《めがしら》が熱《あつ》くなる**
感動《かんどう》で涙《なみだ》が出《で》そうになる。

❹ **目《め》がない**
ほかのものに目《め》がいかないくらい、大好《だいす》きである。

❺ **目《め》が回《まわ》る**
非常《ひじょう》にいそがしいようす。

❻ **目《め》と鼻《はな》の先《さき》**
非常《ひじょう》に近《ちか》いこと。

❼ **目《め》を配《くば》る**
注意《ちゅうい》して、あちこち見《み》る。

❽ **目《め》をこらす**
確認《かくにん》するために、じっと見《み》つめる。

❾ **お門違《かどちが》い**
見当違《けんとうちが》い。

学習日《がくしゅうび》　月　日

左《ひだり》ページ(115ページ)のこたえ

㋐耳《みみ》をうたがう　㋑耳《みみ》が痛《いた》い　㋒四苦八苦《しくはっく》　㋓起死回生《きしかいせい》　㋔情《なさ》けは人《ひと》のためならず
㋕一家言《いっかげん》　㋖臨機応変《りんきおうへん》　㋗耳《みみ》をかたむける　㋘転《ころ》ばぬ先《さき》の杖《つえ》

学力《がくりょく》アップ!

「情《なさ》けは人《ひと》のためならず」は、意味《いみ》の間違《まちが》いやすいことわざなので注意《ちゅうい》しよう。

意味《いみ》のわかる言葉《ことば》に、チェックを入《い》れよう(☑)。 ステップ1

❶ 起死回生《きしかいせい》 □

❷ 転《ころ》ばぬ先《さき》の杖《つえ》 □

❸ 情《なさ》けは人《ひと》のためならず □

❹ 耳《みみ》が痛《いた》い □

❺ 耳《みみ》をうたがう □

❻ 耳《みみ》をかたむける □

❼ 臨機応変《りんきおうへん》 □

❽ 四苦八苦《しくはっく》 □

❾ 一家言《いっかげん》 □

( )に当《あ》てはまる言葉《ことば》を上《うえ》から選《えら》び、文章《ぶんしょう》を完成《かんせい》させよう。 ステップ2

ア ( )ような知《し》らせ。

イ 厳《きび》しい意見《いけん》を聞《き》くのは( )。

ウ 仕事《しごと》に( )する。

エ ( )の逆転満塁《ぎゃくてんまんるい》ホームランを放《はな》つ。

オ ( )で、親切《しんせつ》は君《きみ》にも返《かえ》ってくるだろう。

カ 相撲《すもう》に( )ある。

キ ( )に対処《たいしょ》する。

ク 父《ちち》の言葉《ことば》に、静《しず》かに( )。

ケ ( )で、念《ねん》のため地図《ちず》をもっていこう。

※こたえは右《みぎ》ページ下《した》

それぞれの言葉《ことば》の意味《いみ》を、しっかりおぼえよう。 ステップ3

❶ **起死回生《きしかいせい》** 絶望的《ぜつぼうてき》な状態《じょうたい》を立《た》て直《なお》すこと。

❷ **転《ころ》ばぬ先《さき》の杖《つえ》** 失敗《しっぱい》しないように、事前《じぜん》に十分《じゅうぶん》気《き》をつけておくことのたとえ。

❸ **情《なさ》けは人《ひと》のためならず** 人《ひと》に親切《しんせつ》にすれば、いずれめぐりめぐって自分《じぶん》にもよいことが返《かえ》ってくる。

❹ **耳《みみ》が痛《いた》い** 自分《じぶん》の弱点《じゃくてん》をつかれ、聞《き》くのがつらい。

❺ **耳《みみ》をうたがう** 思《おも》いがけないことを聞《き》いて、聞《き》き間違《まちが》えたのではないかと驚《おどろ》く。

❻ **耳《みみ》をかたむける** 熱心《ねっしん》に聞《き》く。

❼ **臨機応変《りんきおうへん》** 状況《じょうきょう》に応《おう》じて、適切《てきせつ》に対《たい》処《しょ》すること。

❽ **四苦八苦《しくはっく》** 非常《ひじょう》に苦《くる》しむこと。

❾ **一家言《いっかげん》** その人独自《ひとどくじ》の考《かんが》え。

右《みぎ》ページ(114ページ)のこたえ

ア目《め》が回《まわ》る　イ目《め》を配《くば》る　ウ目《め》がない　エ一期一会《いちごいちえ》　オ泣《な》くに泣《な》けない　カ目《め》をこらす　キ目《め》と鼻《はな》の先《さき》　ク目頭《めがしら》が熱《あつ》くなる　ケお門違《かどちが》い

学力《がくりょく》アップ！

「一期一会《いちごいちえ》」は、茶道《さどう》の世界《せかい》からうまれた言葉《ことば》。

学《まな》んだ語彙数《ごいすう》 941～949

学習日《がくしゅうび》　月　日

ステップ1 意味《いみ》のわかる言葉《ことば》に、チェックを入《い》れよう(☑)。

❶ 右往左往《うおうさおう》 □

❷ 才色兼備《さいしょくけんび》 □

❸ 自業自得《じごうじとく》 □

❹ 竹馬《ちくば》の友《とも》 □

❺ 右《みぎ》に出《で》る □

❻ 老若男女《ろうにゃくなんにょ》 □

❼ 一刻《いっこく》を争《あらそ》う □

❽ 鼻《はな》が高《たか》い □

❾ 開《あ》いた口《くち》がふさがらない □

学《まな》んだ語彙数《ごいすう》 950〜958

ステップ2 (　)に当《あ》てはまる言葉《ことば》を上《うえ》から選《えら》び、文章《ぶんしょう》を完成《かんせい》させよう。

ア トラブルが発生《はっせい》して、(　　)する。

イ (　　)の女性《じょせい》。

ウ 剣道《けんどう》の実力《じつりょく》では、彼《かれ》の(　　)者《もの》はいない。

エ (　　)に人気《にんき》の本《ほん》。

オ (　　)事態《じたい》。

カ 努力《どりょく》しなかったならしょうがない、(　　)だ。

キ 彼《かれ》のずうずうしい振《ふ》るまいに(　　)。

ク 彼《かれ》は(　　)で、長《なが》い付《つ》き合《あ》いだ。

ケ 優勝《ゆうしょう》して(　　)。

※こたえは左《ひだり》ページ下《した》

ステップ3 それぞれの言葉《ことば》の意味《いみ》を、しっかりおぼえよう。

❶ **右往左往《うおうさおう》** あわてふためき、混乱《こんらん》しているようす。

❷ **才色兼備《さいしょくけんび》** 女性《じょせい》が、優《すぐ》れた才能《さいのう》と美《うつく》しい容姿《ようし》を兼《か》ね備《そな》えていること。

❸ **自業自得《じごうじとく》** 自分《じぶん》のしたことの報《むく》いを、自《みずか》ら受《う》けること。

❹ **竹馬《ちくば》の友《とも》** 少年時代《しょうねんじだい》からいっしょに遊《あそ》んだ友達《ともだち》。

❺ **右《みぎ》に出《で》る** その人《ひと》よりも優《すぐ》れている。

❻ **老若男女《ろうにゃくなんにょ》** お年寄《としよ》りも若《わか》い人《ひと》も男性《だんせい》も女性《じょせい》も。年齢《ねんれい》や男女《だんじょ》の別《べつ》なく、すべての人々《ひとびと》。

❼ **一刻《いっこく》を争《あらそ》う** わずかな時間《じかん》もむだにすることはできない。

❽ **鼻《はな》が高《たか》い** ほこらしい。

❾ **開《あ》いた口《くち》がふさがらない** あきれ返《かえ》って、ものが言《い》えない。

学習日《がくしゅうび》 　月　日

左《ひだり》ページ(117ページ)のこたえ

ア地《ち》に落《お》ちる イ味《あじ》をしめる ウ話《はなし》がはずむ エ一日千秋《いちじつせんしゅう》 オつむじを曲《ま》げる カ歯《は》に衣着《きぬき》せぬ キけたが違《ちが》う ク本末転倒《ほんまつてんとう》 ケ古今東西《ここんとうざい》

学力《がくりょく》アップ！

「古今東西《ここんとうざい》」の「東西《とうざい》」は東洋《とうよう》と西洋《せいよう》を指《さ》し、そこから「すべての場所《ばしょ》」という意味《いみ》に。

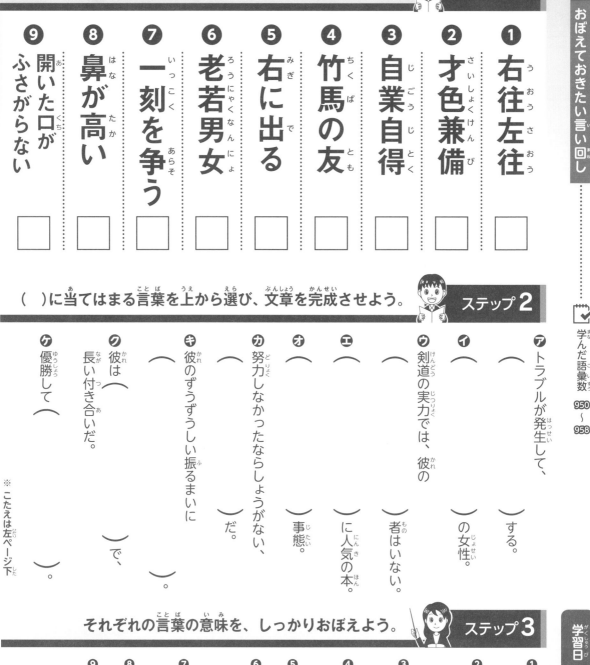

ステップ1

意味《いみ》のわかる言葉《ことば》に、チェックを入《い》れよう（☑）。

❶ けたが違《ちが》う □
❷ 味《あじ》をしめる □
❸ 一日千秋《いちじつせんしゅう》 □
❹ 古今東西《ここんとうざい》 □
❺ 話《はなし》がはずむ □
❻ 歯《は》に衣着《きぬき》せぬ □
❼ 本末転倒《ほんまつてんとう》 □
❽ つむじを曲《ま》げる □
❾ 地《ち》に落《お》ちる □

☑ 学《まな》んだ語彙数《ごいすう》 959～967

ステップ2

（　）に当《あ》てはまる言葉《ことば》を上《うえ》から選《えら》び、文章《ぶんしょう》を完成《かんせい》させよう。

ア 評判《ひょうばん》が（　　　　）。
イ 一度成功《いちどせいこう》して（　　　　）。
ウ 最近《さいきん》のアニメの話題《わだい》で、わいわい（　　　　）。
エ （　　　　）の思《おも》い。
オ 思《おも》い通《どお》りにならなくて、（　　　　）。
カ （　　　　）物言《ものい》い。
キ 彼《かれ》の実力《じつりょく》は、ひとりだけ（　　　　）。
ク 薬《くすり》の飲《の》み過《す》ぎで、具合《ぐあい》が悪《わる》くなるなんて（　　　　）だ。
ケ （　　　　）の美術品《びじゅつひん》を集《あつ》める。

※こたえは右《みぎ》ページ下《した》

ステップ3

それぞれの言葉《ことば》の意味《いみ》を、しっかりおぼえよう。

❶ **けたが違《ちが》う**
比《くら》べものにならないほど差《さ》がある。

❷ **味《あじ》をしめる**
一度《いちど》うまくいったことが忘《わす》れられず、次《つぎ》も同《おな》じような結果《けっか》を期待《きたい》する。

❸ **一日千秋《いちじつせんしゅう》**
待《ま》ちこがれることの、とても強《つよ》いこと。

❹ **古今東西《ここんとうざい》**
昔《むかし》から今《いま》まで、あらゆる場所《ばしょ》で。

❺ **話《はなし》がはずむ**
会話《かいわ》が楽《たの》しく続《つづ》く。

❻ **歯《は》に衣着《きぬき》せぬ**
相手《あいて》のことを気《き》にせず、思《おも》ったことをそのまま言《い》う。

❼ **本末転倒《ほんまつてんとう》**
根本的《こんぽんてき》なこととそうでないことを、取《と》り違《ちが》えること。

❽ **つむじを曲《ま》げる**
不機嫌《ふきげん》になる。わざと意地悪《いじわる》くする。

❾ **地《ち》に落《お》ちる**
盛《さか》んだったものが、おとろえ、すたれる。

学習日《がくしゅうび》　　月　　日

右《みぎ》ページ（116ページ）のこたえ

ア右往左往《うおうさおう》　イ才色兼備《さいしょくけんび》　ウ右《みぎ》に出《で》る　エ老若男女《ろうにゃくなんにょ》　オ一刻《いっこく》を争《あらそ》う　カ自業自得《じごうじとく》　キ開《あ》いた口《くち》がふさがらない　ク竹馬《ちくば》の友《とも》　ケ鼻《はな》が高《たか》い

学力《がくりょく》アップ！

「竹馬《ちくば》の友《とも》」は、「竹馬《たけうま》でいっしょに遊《あそ》んだ友《とも》」の意《い》。

ステップ1

意味《いみ》のわかる言葉《ことば》に、チェックを入《い》れよう（☑）。

1 生《い》き字引《じびき》 □
2 大目《おおめ》に見《み》る □
3 気《き》が置《お》けない □
4 気《き》が重《おも》い □
5 気《き》が早《はや》い □
6 気《き》が晴《は》れる □
7 二枚目《にまいめ》 □
8 風物詩《ふうぶつし》 □
9 音頭《おんど》を取《と》る □

ステップ2

（　）に当《あ》てはまる言葉《ことば》を上《うえ》から選《えら》び、文章《ぶんしょう》を完成《かんせい》させよう。

ア テスト前《まえ》で（　　　）。
イ （　　　）の俳優《はいゆう》。
ウ もう準備《じゅんび》するなんて、（　　　）ね。
エ 校長先生《こうちょうせんせい》は、この学校《がっこう》の（　　　）だ。
オ 花火《はなび》は夏《なつ》の（　　　）だ。
カ 失敗《しっぱい》を（　　　）。
キ （　　　）関係《かんけい》。
ク クラス会開催《かいかいさい》の（　　　）。
ケ 落《お》ちこんでいても、友《とも》と話《はな》すと（　　　）。

※こたえは左《ひだり》ページ下《した》

ステップ3

それぞれの言葉《ことば》の意味《いみ》を、しっかりおぼえよう。

1 **生《い》き字引《じびき》**
字引《じびき》（辞書《じしょ》）のように、何《なん》でもくわしく知《し》っている人《ひと》。

2 **大目《おおめ》に見《み》る**
人《ひと》の失敗《しっぱい》などを、厳《きび》しく責《せ》めたりしない。

3 **気《き》が置《お》けない**
遠慮《えんりょ》をしたり、気《き》をつかったりする必要《ひつよう》がない。

4 **気《き》が重《おも》い**
心配事《しんぱいごと》があって、気持《きも》ちがしずむ。

5 **気《き》が早《はや》い**
せっかちである。

6 **気《き》が晴《は》れる**
気持《きも》ちが晴《は》れ晴《ば》れする。嫌《いや》な気分《きぶん》でなくなる。

7 **二枚目《にまいめ》**
かっこいい男《おとこ》。ハンサム。美男子《びなんし》。

8 **風物詩《ふうぶつし》**
①景色《けしき》や季節《きせつ》をうたった詩《し》。
②その季節《きせつ》の感《かん》じを、よくあらわしているもの。

9 **音頭《おんど》を取《と》る**
人《ひと》をまとめ、先頭《せんとう》に立《た》って物事《ものごと》をおこなう。

学《まな》んだ語彙数《ごいすう》 968〜976

学習日《がくしゅうび》 　月　　日

左《ひだり》ページ（119ページ）のこたえ

ア適材適所《てきざいてきしょ》 イ手《て》が出《で》ない ウ手《て》につかない エ根《ね》も葉《は》もない オ温故知新《おんこちしん》
カ根《ね》ほり葉《は》ほり キ直立不動《ちょくりつふどう》 ク裏目《うらめ》に出《で》る ケ根《ね》に持《も》つ

学力《がくりょく》アップ！

「温故知新《おんこちしん》」は、中国《ちゅうごく》の古《ふる》い思想書《しそうしょ》である『論語《ろんご》』に書《か》かれている言葉《ことば》。

意味《いみ》のわかる言葉《ことば》に、チェックを入《い》れよう（☑）。 ステップ1

❶ 温故知新《おんこちしん》 □

❷ 手《て》が出《で》ない □

❸ 手《て》につかない □

❹ 裏目《うらめ》に出《で》る □

❺ 直立不動《ちょくりつふどう》 □

❻ 適材適所《てきざいてきしょ》 □

❼ 根《ね》に持《も》つ □

❽ 根《ね》ほり葉《は》ほり □

❾ 根《ね》も葉《は》もない □

（　）に当《あ》てはまる言葉《ことば》を上《うえ》から選《えら》び、文章《ぶんしょう》を完成《かんせい》させよう。 ステップ2

ア （　　　）の人材配置《じんざいはいち》。

イ 3万円《まんえん》のおもちゃなんて、高《たか》くて（　　　）。

ウ なやみごとがあって、勉強《べんきょう》が（　　　）。

エ （　　　）うわさ。

オ 昔《むかし》の本《ほん》から学《まな》べることも多《おお》い。（　　　）だよ。

カ 昨日《きのう》のコンサートについて、（　　　）聞《き》く。

キ （　　　）の姿勢《しせい》。

ク 親切《しんせつ》のつもりでやったことが、（　　　）。

ケ 昔《むかし》のことを（　　　）。

※こたえは右《みぎ》ページ下《した》

それぞれの言葉《ことば》の意味《いみ》を、しっかりおぼえよう。 ステップ3

❶ **温故知新《おんこちしん》** 昔《むかし》のことを研究《けんきゅう》し、そこから新《あたら》しい知識《ちしき》やものの見方《みかた》を身《み》につけること。

❷ **手《て》が出《で》ない** 自分《じぶん》の能力《のうりょく》では、どうすることもできない。

❸ **手《て》につかない** ほかのことが気《き》になって集中《しゅうちゅう》できない。

❹ **裏目《うらめ》に出《で》る** よい結果《けっか》を期待《きたい》してやったことが、逆《ぎゃく》に不都合《ふつごう》な結果《けっか》となる。

❺ **直立不動《ちょくりつふどう》** まっすぐ立《た》って、身動《みうご》きを少《すこ》しもしないこと。

❻ **適材適所《てきざいてきしょ》** その人《ひと》の能力《のうりょく》や素質《そしつ》などを正《ただ》しく評価《ひょうか》して、それに当《あ》てはまる地位《ちい》や仕事《しごと》を与《あた》えること。

❼ **根《ね》に持《も》つ** いつまでも、うらみに思《おも》う。

❽ **根《ね》ほり葉《は》ほり** 事細《ことこま》かに。全部《ぜんぶ》。

❾ **根《ね》も葉《は》もない** でたらめである。

学習日《がくしゅうび》　　月　　日

右《みぎ》ページ（118ページ）のこたえ

ア気《き》が重《おも》い　イ二枚目《にまいめ》　ウ気《き》が早《はや》い　エ生《い》き字引《じびき》　オ風物詩《ふうぶつし》　カ大目《おおめ》に見《み》る　キ気《き》が置《お》けない　ク音頭《おんど》を取《と》る　ケ気《き》が晴《は》れる

学力《がくりょく》アップ！

「気《き》が置《お》けない」を、「信頼《しんらい》できない」という意味《いみ》で使《つか》うのは間違《まちが》い。

学《まな》んだ語彙数《ごいすう》 986〜994

学習日《がくしゅうび》 月 日

ステップ1

意味《いみ》のわかる言葉《ことば》に、チェックを入《い》れよう(☑)。

❶ 自由自在《じゆうじざい》 □
❷ ぱっとしない □
❸ 弱肉強食《じゃくにくきょうしょく》 □
❹ 泣《な》き寝《ね》入《い》り □
❺ やぶから棒《ぼう》 □
❻ 有終《ゆうしゅう》の美《び》 □
❼ 大義名分《たいぎめいぶん》 □
❽ 寝耳《ねみみ》に水《みず》 □
❾ 火《ひ》の車《くるま》 □

ステップ2

( )に当《あ》てはまる言葉《ことば》を上《うえ》から選《えら》び、文章《ぶんしょう》を完成《かんせい》させよう。

ア ( )成績《せいせき》。
イ 引退試合《いんたいじあい》で勝利《しょうり》し、( )をかざった。
ウ 家計《かけい》は( )だ。
エ ( )にそんなこと言《い》われても困《こま》る。
オ 自然界《しぜんかい》は( )の世界《せかい》である。
カ ( )しないで、きちんと戦《たたか》おうよ。
キ 彼《かれ》の一連《いちれん》の行動《こうどう》には、( )がない。
ク 筆《ふで》を( )に動《うご》かす。
ケ ( )の知《し》らせ。

※こたえは左《ひだり》ページ下《した》

ステップ3

それぞれの言葉《ことば》の意味《いみ》を、しっかりおぼえよう。

❶ **自由自在《じゆうじざい》** 思《おも》いのままにできること。
❷ **ぱっとしない** 状態《じょうたい》や見《み》た目《め》が、あまりよくない。
❸ **弱肉強食《じゃくにくきょうしょく》** 強《つよ》い者《もの》が、弱《よわ》い者《もの》をえじきにして栄《さか》えること。
❹ **泣《な》き寝《ね》入《い》り** 納得《なっとく》がいかないことや、不満《ふまん》に思《おも》うことはあるが、どうにもならず、あきらめること。
❺ **やぶから棒《ぼう》** いきなり言《い》ったり、したりすること。
❻ **有終《ゆうしゅう》の美《び》** 最後《さいご》を立派《りっぱ》に仕上《しあ》げること。
❼ **大義名分《たいぎめいぶん》** ある行動《こうどう》を起《お》こすための正当《せいとう》な理由《りゆう》。
❽ **寝耳《ねみみ》に水《みず》** 突然《とつぜん》の出来事《できごと》に驚《おどろ》くこと。
❾ **火《ひ》の車《くるま》** 経済状態《けいざいじょうたい》が非常《ひじょう》に苦《くる》しいこと。

左《ひだり》ページ(121ページ)のこたえ

ア熱《ねつ》をあげる イ自問自答《じもんじとう》 ウ有頂天《うちょうてん》 エ机上《きじょう》の空論《くうろん》 オ油断大敵《ゆだんたいてき》
カ言《い》わずもがな キしらを切《き》る クいの一番《いちばん》 ケ途方《とほう》にくれる

学力《がくりょく》アップ！

「しらを切《き》る」の「しら」は、「知《し》らぬ」からきている。漢字《かんじ》で書《か》くと、「白《しら》を切《き》る」。

ステップ1

意味《いみ》のわかる言葉《ことば》に、チェックを入《い》れよう（☑）。

❶ 机《き》上《じょう》の空論《くうろん》 □

❷ 熱《ねつ》をあげる □

❸ いの一番《いちばん》 □

❹ 言《い》わずもがな □

❺ 有頂天《うちょうてん》 □

❻ 自問自答《じもんじとう》 □

❼ しらを切《き》る □

❽ 途方《とほう》にくれる □

❾ 油断大敵《ゆだんたいてき》 □

ステップ2

（　）に当《あ》てはまる言葉《ことば》を上《うえ》から選《えら》び、文章《ぶんしょう》を完成《かんせい》させよう。

㋐ アイドルに（　　　）。

㋑ このままでいいのかと、（　　　）する。

㋒ すべてがうまくいって、（　　　）になる。

㋓ それは（　　　）だ。実際《じっさい》にはそううまくいかないだろう。

㋔ 弱《よわ》いチームが相手《あいて》でも、（　　　）だよ。

㋕（　　　）父《ちち》は家族《かぞく》を愛《あい》している。

㋖ 知《し》らないと（　　　）。

㋗（　　　）にかけつける。

㋘ 連絡《れんらく》が来《こ》ず、（　　　）。

※こたえは右《みぎ》ページ下《した》

ステップ3

それぞれの言葉《ことば》の意味《いみ》を、しっかりおぼえよう。

❶ **机《き》上《じょう》の空論《くうろん》**
頭《あたま》の中《なか》だけで考《かんが》えた、実《じっ》際《さい》には役立《やくだ》たない論《ろん》。

❷ **熱《ねつ》をあげる**
夢中《むちゅう》になる。

❸ **いの一番《いちばん》**
一番目《いちばんめ》。真《ま》っ先《さき》。

❹ **言《い》わずもがな**
いまさら言《い》うまでもない。

❺ **有頂天《うちょうてん》**
自分《じぶん》がほこらしくなって、気分《きぶん》がまい上《あ》がること。

❻ **自問自答《じもんじとう》**
自分《じぶん》に問《と》いかけ、自分《じぶん》で答《こた》えること。

❼ **しらを切《き》る**
本当《ほんとう》は知《し》っているのに、知《し》らないふりをする。

❽ **途方《とほう》にくれる**
方法《ほうほう》がなく、どうしたらよいのかわからなくなる。

❾ **油断大敵《ゆだんたいてき》**
油断《ゆだん》は失敗《しっぱい》を引《ひ》き起《お》こす敵《てき》なので、気《き》をゆるめてはならない。

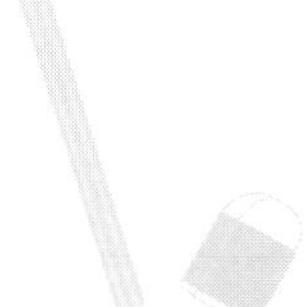

学習日《がくしゅうび》　　月　　日

右《みぎ》ページ（120ページ）のこたえ

㋐ぱっとしない　㋑有終《ゆうしゅう》の美《び》　㋒火《ひ》の車《くるま》　㋓やぶから棒《ぼう》　㋔弱肉強食《じゃくにくきょうしょく》
㋕泣《な》き寝《ね》入《い》り　㋖大義名分《たいぎめいぶん》　㋗自由自在《じゆうじざい》　㋘寝耳《ねみみ》に水《みず》

学力《がくりょく》アップ！

「やぶから棒《ぼう》」は、「やぶの中《なか》から突然《とつぜん》、棒《ぼう》をつき出《だ》す」の意《い》。

学《まな》んだ語彙数《ごいすう》 1004〜1012

ステップ1

意味《いみ》のわかる言葉《ことば》に、チェックを入《い》れよう（☑）。

❶ 腕《うで》をみがく □
❷ 紅一点《こういってん》 □
❸ 私利私欲《しりしよく》 □
❹ 背水《はいすい》の陣《じん》 □
❺ 白紙《はくし》にもどす □
❻ 胸《むね》がおどる □
❼ 余念《よねん》がない □
❽ 渡《わた》りに船《ふね》 □
❾ 三日坊主《みっかぼうず》 □

ステップ2

（　）に当《あ》てはまる言葉《ことば》を上《うえ》から選《えら》び、文章《ぶんしょう》を完成《かんせい》させよう。

ア その話《はなし》は私《わたし》にとって、（　　　　）だった。
イ 兄《あに》は研究《けんきゅう》に（　　　　）。
ウ （　　　　）におぼれる。
エ 料理《りょうり》の（　　　　）。
オ 計画《けいかく》を（　　　　）。
カ 習字《しゅうじ》、水泳《すいえい》、空手《からて》、すべて（　　　　）に終《お》わった。
キ （　　　　）をしいて、戦《たたか》いにのぞむ。
ク 柔道部《じゅうどうぶ》の（　　　　）である彼女《かのじょ》は、とても強《つよ》い。
ケ 明日《あす》の遠足《えんそく》のことを思《おも》うと、今《いま》から（　　　　）。

※こたえは左《ひだり》ページ下《した》

ステップ3

それぞれの言葉《ことば》の意味《いみ》を、しっかりおぼえよう。

❶ **腕《うで》をみがく** 訓練《くんれん》して技術《ぎじゅつ》を上《あ》げる。

❷ **紅一点《こういってん》** 大勢《おおぜい》の男子《だんし》の中《なか》にいる、ひとりの女子《じょし》。

❸ **私利私欲《しりしよく》** 自分《じぶん》ひとりの利益《りえき》と、それを求《もと》める心《こころ》。

❹ **背水《はいすい》の陣《じん》** 一歩《いっぽ》も引《ひ》かないという、決死《けっし》の覚悟《かくご》で物事《ものごと》に当《あ》たること。

❺ **白紙《はくし》にもどす** それまでのことをなかったことにして、もとの状態《じょうたい》にもどす。

❻ **胸《むね》がおどる** わくわくする。

❼ **余念《よねん》がない** ほかのことは考《かんが》えずに、ひとつのことを熱心《ねっしん》にするようす。

❽ **渡《わた》りに船《ふね》** 自分《じぶん》が望《のぞ》んでいるものを得《え》ることができ、都合《つごう》がよい。

❾ **三日坊主《みっかぼうず》** あきやすく、続《つづ》かないこと。また、そのような人《ひと》。

学習日《がくしゅうび》　月　日

左《ひだり》ページ（123ページ）のこたえ

ア けりをつける　イ 一触即発《いっしょくそくはつ》　ウ 明《あ》けても暮《く》れても　エ 後《あと》の祭《まつ》り　オ 立役者《たてやくしゃ》
カ うなぎのぼり　キ 胸《むね》にきざむ　ク 門外不出《もんがいふしゅつ》　ケ 破顔一笑《はがんいっしょう》

学力《がくりょく》アップ！

「立役者《たてやくしゃ》」は芝居《しばい》の世界《せかい》からうまれた言葉《ことば》で、「中心《ちゅうしん》となる役者《やくしゃ》」の意味《いみ》がある。

学《まな》んだ語彙数《ごいすう》 1013～1021

ステップ1
意味《いみ》のわかる言葉《ことば》に、チェックを入《い》れよう（☑）。

❶ 明《あ》けても暮《く》れても □
❷ 後《あと》の祭《まつ》り □
❸ うなぎのぼり □
❹ けりをつける □
❺ 立役者《たてやくしゃ》 □
❻ 破顔一笑《はがんいっしょう》 □
❼ 胸《むね》にきざむ □
❽ 門外不出《もんがいふしゅつ》 □
❾ 一触即発《いっしょくそくはつ》 □

ステップ2
（　）に当《あ》てはまる言葉《ことば》を上《うえ》から選《えら》び、文章《ぶんしょう》を完成《かんせい》させよう。

ア たまっていた宿題《しゅくだい》に、（　　　）。
イ （　　　）の危機《きき》。
ウ 兄《あに》は（　　　）勉強《べんきょう》にはげんでいた。
エ 今《いま》さらさわいだところで、（　　　）だ。
オ 彼女《かのじょ》こそ、このイベントを成功《せいこう》させた（　　　）だ。
カ 評判《ひょうばん》が（　　　）だ。
キ 母《はは》の忠告《ちゅうこく》を（　　　）。
ク （　　　）の名画《めいが》。
ケ 優勝《ゆうしょう》トロフィーを手《て》に、（　　　）する。

※こたえは右《みぎ》ページ下《した》

ステップ3
それぞれの言葉《ことば》の意味《いみ》を、しっかりおぼえよう。

❶ **明《あ》けても暮《く》れても** 毎日毎日《まいにちまいにち》。いつも。
❷ **後《あと》の祭《まつ》り** 判断《はんだん》がおそくて、間《ま》に合《あ》わないこと。
❸ **うなぎのぼり** 物価《ぶっか》、温度《おんど》、評判《ひょうばん》などが急《きゅう》に上《あ》がっていくこと。
❹ **けりをつける** なかなか終《お》わらなかったことに、決着《けっちゃく》をつける。
❺ **立役者《たてやくしゃ》** 中心《ちゅうしん》となる人《ひと》。
❻ **破顔一笑《はがんいっしょう》** 顔《かお》をほころばせ、にっこりと笑《わら》うこと。
❼ **胸《むね》にきざむ** 忘《わす》れないように、心《こころ》にしっかりとどめる。
❽ **門外不出《もんがいふしゅつ》** 貴重《きちょう》な芸術品《げいじゅつひん》などを大切《たいせつ》にしまっておき、外《そと》には出《だ》さないこと。
❾ **一触即発《いっしょくそくはつ》** ちょっとしたことで、大事件《だいじけん》に発展《はってん》しそうな危険《きけん》な状態《じょうたい》。

学習日《がくしゅうび》　　月　　日

右《みぎ》ページ（122ページ）のこたえ
ア渡《わた》りに船《ふね》　イ余念《よねん》がない　ウ私利私欲《しりしよく》　エ腕《うで》をみがく　オ白紙《はくし》にもどす
カ三日坊主《みっかぼうず》　キ背水《はいすい》の陣《じん》　ク紅一点《こういってん》　ケ胸《むね》がおどる

学力《がくりょく》アップ！
「白紙《はくし》にもどす」は「白紙《はくし》に返《かえ》す」ともいう。

意味《いみ》のわかる言葉《ことば》に、チェックを入《い》れよう(☑)。 ステップ1

❶ 無鉄砲《むてっぽう》 □
❷ 頭《あたま》が切《き》れる □
❸ 頭《あたま》をかかえる □
❹ いたれりつくせり □
❺ 馬《うま》が合《あ》う □
❻ 御《おん》の字《じ》 □
❼ 絶体絶命《ぜったいぜつめい》 □
❽ とどのつまり □
❾ 日常茶飯事《にちじょうさはんじ》 □

(　)に当《あ》てはまる言葉《ことば》を上《うえ》から選《えら》び、文章《ぶんしょう》を完成《かんせい》させよう。 ステップ2

ア (　　)のピンチ。
イ (　　)、ぼくの計画《けいかく》は失敗《しっぱい》に終《お》わった。
ウ こうした兄弟《きょうだい》げんかは、(　　)です。
エ (　　)のもてなし。
オ とても(　　)ので、彼《かれ》はみんなから信頼《しんらい》されている。
カ 一回戦《いっかいせん》を突破《とっぱ》できれば(　　)だ。
キ 解決困難《かいけつこんなん》な問題《もんだい》が発生《はっせい》し、(　　)。
ク (　　)な性格《せいかく》。
ケ 彼《かれ》とは(　　)。

※こたえは左《ひだり》ページ下《した》

学《まな》んだ語彙数《ごいすう》 1022～1030

それぞれの言葉《ことば》の意味《いみ》を、しっかりおぼえよう。 ステップ3

❶ **無鉄砲《むてっぽう》** それをすることでどうなるか、よく考《かんが》えないですること。また、そのような人《ひと》。
❷ **頭《あたま》が切《き》れる** 頭《あたま》の回転《かいてん》が速《はや》い。
❸ **頭《あたま》をかかえる** 心配事《しんぱいごと》があって考《かんが》えこむ。
❹ **いたれりつくせり** よく行《い》きとどいていて、不《ふ》満《まん》に思《おも》う点《てん》がないようす。
❺ **馬《うま》が合《あ》う** 互《たが》いに気《き》が合《あ》うこと。
❻ **御《おん》の字《じ》** 十分満足《じゅうぶんまんぞく》できるもので、ありがたい。
❼ **絶体絶命《ぜったいぜつめい》** 危険《きけん》や困難《こんなん》がせまり、逃《に》げ場《ば》のない追《お》いつめられた状態《じょうたい》。
❽ **とどのつまり** 結局《けっきょく》。つまるところ。
❾ **日常茶飯事《にちじょうさはんじ》** ありふれたこと。

学習日《がくしゅうび》 　月　 日

左《ひだり》ページ(125ページ)のこたえ

ア取《と》りつく島《しま》がない　イ再三再四《さいさんさいし》　ウ前代未聞《ぜんだいみもん》　エ汚名返上《おめいへんじょう》　オ小春日和《こはるびより》　カ手《て》を焼《や》く　キ半信半疑《はんしんはんぎ》　ク断腸《だんちょう》の思《おも》い　ケ裏《うら》をかく

学力《がくりょく》アップ!

「小春日和《こはるびより》」は、「春《はる》に似《に》た天気《てんき》」という意味《いみ》で、実際《じっさい》の春《はる》の天気《てんき》をいう言葉《ことば》ではない。

学《まな》んだ語彙数《ごいすう》 1031～1039

ステップ1

意味《いみ》のわかる言葉《ことば》に、チェックを入《い》れよう（☑）。

❶ 裏《うら》をかく □

❷ 汚名返上《おめいへんじょう》 □

❸ 小春日和《こはるびより》 □

❹ 再三再四《さいさんさいし》 □

❺ 前代未聞《ぜんだいみもん》 □

❻ 手《て》を焼《や》く □

❼ 取《と》りつく島《しま》がない □

❽ 半信半疑《はんしんはんぎ》 □

❾ 断腸《だんちょう》の思《おも》い □

ステップ2

（　）に当《あ》てはまる言葉《ことば》を上《うえ》から選《えら》び、文章《ぶんしょう》を完成《かんせい》させよう。

㋐ 何度《なんど》も話《はなし》を聞《き》こうとしたが、（　　　　）。

㋑ （　　　　）、頼《たの》む。

㋒ （　　　　）の事件《じけん》。

㋓ 今度《こんど》こそ成功《せいこう》して、（　　　　）だ。

㋔ 今日《きょう》は（　　　　）で、気持《きも》ちがよい。

㋕ 赤《あか》ん坊《ぼう》の世話《せわ》に、すっかり（　　　　）。

㋖ 説明《せつめい》を聞《き》いてもまだ（　　　　）です。

㋗ （　　　　）であきらめる。

㋘ 相手《あいて》の（　　　　）。

※こたえは右《みぎ》ページ下《した》

ステップ3

それぞれの言葉《ことば》の意味《いみ》を、しっかりおぼえよう。

❶ **裏《うら》をかく**
相手《あいて》の予想《よそう》と逆《ぎゃく》のことをして、出《だ》しぬく。

❷ **汚名返上《おめいへんじょう》**
以前《いぜん》の失敗《しっぱい》によってこうむった不名誉《ふめいよ》な評判《ひょうばん》を、自分《じぶん》の力《ちから》で打《う》ち消《け》すこと。

❸ **小春日和《こはるびより》**
冬《ふゆ》のはじめの、ぽかぽかとした暖《あたた》かい天気《てんき》。

❹ **再三再四《さいさんさいし》**
何度《なんど》も何度《なんど》も。

❺ **前代未聞《ぜんだいみもん》**
今《いま》まで聞《き》いたこともないような、めずらしいこと。

❻ **手《て》を焼《や》く**
うまくやれず、困《こま》る。

❼ **取《と》りつく島《しま》がない**
相手《あいて》の態度《たいど》が冷《つめ》たくて、話《はなし》のとっかかりをつかむことさえできない。

❽ **半信半疑《はんしんはんぎ》**
信《しん》じる気持《きも》ちが半分《はんぶん》、うたがう気持《きも》ちが半分《はんぶん》の状態《じょうたい》。

❾ **断腸《だんちょう》の思《おも》い**
悲《かな》しみや苦《くる》しみが非常《ひじょう》に強《つよ》いこと。

学習日《がくしゅうび》　　月　　日

右《みぎ》ページ（124ページ）のこたえ

㋐絶体絶命《ぜったいぜつめい》　㋑とどのつまり　㋒日常茶飯事《にちじょうさはんじ》　㋓いたれりつくせり　㋔頭《あたま》が切《き》れる
㋕御《おん》の字《じ》　㋖頭《あたま》をかかえる　㋗無鉄砲《むてっぽう》　㋘馬《うま》が合《あ》う

学力《がくりょく》アップ！

「馬《うま》が合《あ》う」と似《に》た意味《いみ》の言葉《ことば》に「波長《はちょう》が合《あ》う」がある。

学《まな》んだ語彙数《ごいすう》 1040〜1048

ステップ1

意味《いみ》のわかる言葉《ことば》に、チェックを入《い》れよう（☑）。

❶ 一石二鳥《いっせきにちょう》 □
❷ お手上《てあ》げ □
❸ 底《そこ》をつく □
❹ 度《ど》が過《す》ぎる □
❺ 火花《ひばな》を散《ち》らす □
❻ 実《み》を結《むす》ぶ □
❼ 七転《ななころ》び八起《やお》き □
❽ 一糸乱《いっしみだ》れず □
❾ 賛否両論《さんぴりょうろん》 □

ステップ2

（　）に当《あ》てはまる言葉《ことば》を上《うえ》から選《えら》び、文章《ぶんしょう》を完成《かんせい》させよう。

ア 貯金《ちょきん》が（　　　）。
イ （　　　）行進《こうしん》する。
ウ こうなっては、もう（　　　）だ。
エ 苦労《くろう》が（　　　）。
オ 選手同士《せんしゅどうし》が（　　　）。
カ 給料《きゅうりょう》が高《たか》くて体力《たいりょく》もつく、（　　　）のアルバイト。
キ （　　　）の気持《きも》ちで、何度《なんど》もチャレンジする。
ク 新《あたら》しくできた法律《ほうりつ》に関《かん》し、（　　　）の声《こえ》がある。
ケ いくらなんでも、その要求《ようきゅう》は（　　　）。

※こたえは左《ひだり》ページ下《した》

ステップ3

それぞれの言葉《ことば》の意味《いみ》を、しっかりおぼえよう。

❶ **一石二鳥《いっせきにちょう》**
ひとつのことをして、ふたつの利益《りえき》を同時《どうじ》に得《え》ること。

❷ **お手上《てあ》げ**
困難《こんなん》な状況《じょうきょう》に置《お》かれ、解決《かいけつ》の方法《ほうほう》に困《こま》ること。

❸ **底《そこ》をつく**
たくわえていたものが、すっかりなくなる。

❹ **度《ど》が過《す》ぎる**
普通《ふつう》の程度《ていど》を、大《おお》きくこえている。

❺ **火花《ひばな》を散《ち》らす**
戦《たたか》おうとする意欲《いよく》を全面的《ぜんめんてき》に出《だ》して、激《はげ》しく勝負《しょうぶ》を争《あらそ》う。

❻ **実《み》を結《むす》ぶ**
努力《どりょく》や苦労《くろう》が、よい結果《けっか》となってあらわれる。

❼ **七転《ななころ》び八起《やお》き**
どんなに失敗《しっぱい》しても、何度《なんど》でも立《た》ち上《あ》がること。

❽ **一糸乱《いっしみだ》れず**
きちんとしていて、少《すこ》しも乱《みだ》れがないようす。

❾ **賛否両論《さんぴりょうろん》**
賛成《さんせい》と反対《はんたい》の両方《りょうほう》の意見《いけん》。

学習日《がくしゅうび》　月　日

左《ひだり》ページ（127ページ）のこたえ

ア単刀直入《たんとうちょくにゅう》　イ百《ひゃく》も承知《しょうち》　ウ奥《おく》の手《て》　エ色《いろ》を失《うしな》う　オ金輪際《こんりんざい》　カ台風一過《たいふういっか》　キ焼《や》け石《いし》に水《みず》　ク共存共栄《きょうそんきょうえい》　ケ言語道断《ごんごどうだん》

学力《がくりょく》アップ！

「金輪際《こんりんざい》」は、「〜ない」のように、打《う》ち消《け》す語《ご》をともなって使用《しよう》する言葉《ことば》。

ステップ1

意味《いみ》のわかる言葉《ことば》に、チェックを入《い》れよう（☑）。

❶ 色《いろ》を失《うしな》う □
❷ 奥《おく》の手《て》 □
❸ 共存共栄《きょうそんきょうえい》 □
❹ 言語道断《ごんごどうだん》 □
❺ 金輪際《こんりんざい》 □
❻ 台風一過《たいふういっか》 □
❼ 単刀直入《たんとうちょくにゅう》 □
❽ 百《ひゃく》も承知《しょうち》 □
❾ 焼《や》け石《いし》に水《みず》 □

ステップ2

（　）に当てはまる言葉《ことば》を上《うえ》から選《えら》び、文章《ぶんしょう》を完成《かんせい》させよう。

ア（　　）にたずねる。
イ そんなこと、言《い》われなくても（　　）だ。
ウ（　　）をくり出《だ》す。
エ トラブルに（　　）。
オ もう、怒《おこ》った。（　　）、彼《かれ》とはつきあわない。
カ（　　）の青空《あおぞら》。
キ 今《いま》からがんばったところで、（　　）だ。
ク 自然《しぜん》と人類《じんるい》との（　　）を考《かんが》える。
ケ 人《ひと》に罪《つみ》をかぶせるなんて、（　　）だ。

※こたえは右《みぎ》ページ下《した》

学《まな》んだ語彙数《ごいすう》 1049〜1057

ステップ3

それぞれの言葉《ことば》の意味《いみ》を、しっかりおぼえよう。

❶ **色《いろ》を失《うしな》う** 驚《おどろ》き、恐怖《きょうふ》、心配《しんぱい》などで、顔《かお》が青《あお》ざめる。
❷ **奥《おく》の手《て》** 最後《さいご》の手段《しゅだん》。
❸ **共存共栄《きょうそんきょうえい》** ふたつ以上《いじょう》のものが、対立《たいりつ》せずに、ともに生《い》き、栄《さか》えること。
❹ **言語道断《ごんごどうだん》** 言葉《ことば》では言《い》い表《あらわ》せないほど、ひどい。
❺ **金輪際《こんりんざい》** 絶対《ぜったい》に。
❻ **台風一過《たいふういっか》** 台風《たいふう》が通《とお》り過《す》ぎること。また、そのあとの晴天《せいてん》のこと。
❼ **単刀直入《たんとうちょくにゅう》** 遠回《とおまわ》しな言《い》い方《かた》をしないで、いきなり問題点《もんだいてん》にふれること。
❽ **百《ひゃく》も承知《しょうち》** 人《ひと》に言《い》われるまでもなく、十分《じゅうぶん》わかっていること。
❾ **焼《や》け石《いし》に水《みず》** 助《たす》けや努力《どりょく》がわずかしかなく、役立《やくだ》たないこと。

学習日《がくしゅうび》　　月　　日

右《みぎ》ページ（126ページ）のこたえ

ア 底《そこ》をつく　イ 一糸乱《いっしみだ》れず　ウ お手上《てあ》げ　エ 実《み》を結《むす》ぶ　オ 火花《ひばな》を散《ち》らす
カ 一石二鳥《いっせきにちょう》　キ 七転《ななころ》び八起《やお》き　ク 賛否両論《さんぴりょうろん》　ケ 度《ど》が過《す》ぎる

学力《がくりょく》アップ！

「お手上《てあ》げ」は、降参《こうさん》のしるしに両手《りょうて》をあげることから生《う》まれた言葉《ことば》。

ステップ1

意味《いみ》のわかる言葉《ことば》に、チェックを入《い》れよう(☑)。

1 弱冠《じゃっかん》 □
2 石《いし》の上《うえ》にも三年《さんねん》 □
3 十八番《おはこ》 □
4 喜怒哀楽《きどあいらく》 □
5 しっぺ返《がえ》し □
6 高飛車《たかびしゃ》 □
7 飛《と》ぶ鳥《とり》を落《お》とす勢《いきお》い □
8 長《なが》い目《め》で見《み》る □
9 ふたつ返事《へんじ》 □

ステップ2

(　)に当《あ》てはまる言葉《ことば》を上《うえ》から選《えら》び、文章《ぶんしょう》を完成《かんせい》させよう。

ア (　　)な言動《げんどう》。
イ (　　)の手品《てじな》。
ウ もう少《すこ》しがんばってみよう、(　　)だよ。
エ (　　)でOK《オーケー》する。
オ わがままに振《ふ》るまったら、(　　)をくらった。
カ 最近《さいきん》の彼《かれ》の活躍《かつやく》は、まさに(　　)だ。
キ (　　)の激《はげ》しい性格《せいかく》。
ク (　　)25歳《さい》にして、彼《かれ》は社長《しゃちょう》になった。
ケ 新入部員《しんにゅうぶいん》の成長《せいちょう》を(　　)。

※こたえは左《ひだり》ページ下《した》

ステップ3

それぞれの言葉《ことば》の意味《いみ》を、しっかりおぼえよう。

1 **弱冠《じゃっかん》**
①男子《だんし》20歳《さい》のこと。②年齢《ねんれい》の若《わか》いこと。若《わか》くして。

2 **石《いし》の上《うえ》にも三年《さんねん》**
我慢強《がまんづよ》くしんぼうすれば、やがて成功《せいこう》がおとずれる。

3 **十八番《おはこ》**
得意《とくい》としている芸《げい》。

4 **喜怒哀楽《きどあいらく》**
よろこび、怒《いか》り、悲《かな》しみ、楽《たの》しみ。人間《にんげん》の様々《さまざま》な感情《かんじょう》。

5 **しっぺ返《がえ》し**
すぐに仕返《しかえ》しをすること。

6 **高飛車《たかびしゃ》**
一方的《いっぽうてき》な態度《たいど》で、相手《あいて》をおさえつけようとするようす。

7 **飛《と》ぶ鳥《とり》を落《お》とす勢《いきお》い**
勢《いきお》いがきわめて盛《さか》んなようす。

8 **長《なが》い目《め》で見《み》る**
現在《げんざい》の状態《じょうたい》で判断《はんだん》しないで、気長《きなが》に将来《しょうらい》を見守《みまも》る。

9 **ふたつ返事《へんじ》**
気持《きも》ちよく、すぐに引《ひ》き受《う》けること。

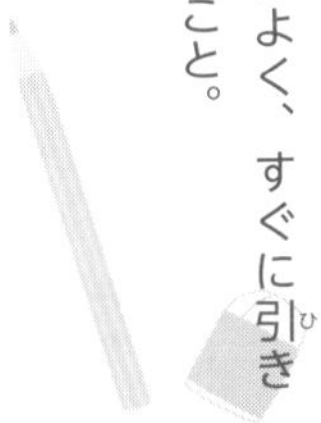

学習日《がくしゅうび》　月　日

左《ひだり》ページ(129ページ)のこたえ

ア紙一重《かみひとえ》 イ門外漢《もんがいかん》 ウ二《に》の次《つぎ》 エ度肝《どぎも》をぬく オふに落《お》ちない カ立《た》ち往生《おうじょう》 キ高《たか》をくくる ク一事《いちじ》が万事《ばんじ》 ケ泣《な》きを見《み》る

学力《がくりょく》アップ!

「立《た》ち往生《おうじょう》」のもとの意味《いみ》は、「立ったまま死《し》ぬこと」。

学《まな》んだ語彙数《ごいすう》 1067～1075

ステップ1

意味《いみ》のわかる言葉《ことば》に、チェックを入《い》れよう(☑)。

❶ 度肝《どぎも》をぬく □

❷ 一事《いちじ》が万事《ばんじ》 □

❸ 紙一重《かみひとえ》 □

❹ 高《たか》をくくる □

❺ 立《た》ち往生《おうじょう》 □

❻ 泣《な》きを見《み》る □

❼ 二《に》の次《つぎ》 □

❽ ふに落《お》ちない □

❾ 門外漢《もんがいかん》 □

ステップ2

(　)に当《あ》てはまる言葉《ことば》を上《うえ》から選《えら》び、文章《ぶんしょう》を完成《かんせい》させよう。

ア (　　)の差《さ》で負《ま》ける。

イ コンピューターに関《かん》しては、まったくの(　　)だ。

ウ 家族《かぞく》が第一《だいいち》で、自分《じぶん》のことは(　　)だ。

エ 観客《かんきゃく》の(　　)。

オ 結論《けつろん》が(　　)。

カ 自動車《じどうしゃ》で向《む》かったが、雪《ゆき》で(　　)した。

キ 大丈夫《だいじょうぶ》だと(　　)。

ク 彼《かれ》のやることは(　　)、だらしがない。

ケ 勉強《べんきょう》しないと、テストで(　　)ことになる。

※こたえは右《みぎ》ページ下《した》

ステップ3

それぞれの言葉《ことば》の意味《いみ》を、しっかりおぼえよう。

❶ **度肝《どぎも》をぬく**
予想《よそう》のつかないことをして、びっくりさせる。

❷ **一事《いちじ》が万事《ばんじ》**
たったひとつのことから、ほかのすべてのことを推《お》しはかることができる。

❸ **紙一重《かみひとえ》**
違《ちが》いや差《さ》が、きわめてわずかしかないこと。

❹ **高《たか》をくくる**
見《み》くびる。あまく見《み》る。

❺ **立《た》ち往生《おうじょう》**
事故《じこ》などのせいで、その場《ば》で動《うご》きがとれなくなること。

❻ **泣《な》きを見《み》る**
泣《な》きたくなるほど、つらく、苦《くる》しい目《め》にあう。

❼ **二《に》の次《つぎ》**
二番目《にばんめ》。後回《あとまわ》し。

❽ **ふに落《お》ちない**
納得《なっとく》できない。

❾ **門外漢《もんがいかん》**
①そのことに関係《かんけい》のない人《ひと》。②その分野《ぶんや》の専門家《せんもんか》でない人《ひと》。

学習日《がくしゅうび》 　月　　日

右《みぎ》ページ(128ページ)のこたえ

ア高飛車《たかびしゃ》 イ十八番《おはこ》 ウ石《いし》の上《うえ》にも三年《さんねん》 エふたつ返事《へんじ》 オしっぺ返《がえ》し
カ飛《と》ぶ鳥《とり》を落《お》とす勢《いきお》い キ喜怒哀楽《きどあいらく》 ク弱冠《じゃっかん》 ケ長《なが》い目《め》で見《み》る

学力《がくりょく》アップ！

「高飛車《たかびしゃ》」はもとは将棋《しょうぎ》の言葉《ことば》で、飛車《ひしゃ》を前《まえ》に出《だ》した攻撃的《こうげきてき》な戦法《せんぽう》のひとつ。

意味《いみ》のわかる言葉《ことば》に、チェックを入《い》れよう(☑)。 ステップ1

❶ 以心伝心《いしんでんしん》 □
❷ 助《たす》け船《ぶね》 □
❸ 立《た》て板《いた》に水《みず》 □
❹ たらい回《まわ》し □
❺ 天王山《てんのうざん》 □
❻ どんでん返《がえ》し □
❼ 待《ま》ちに待《ま》った □
❽ 足《あし》をのばす □
❾ 鳥肌《とりはだ》が立《た》つ □

学《まな》んだ語彙数《ごいすう》 1076～1084

( )に当《あ》てはまる言葉《ことば》を上《うえ》から選《えら》び、文章《ぶんしょう》を完成《かんせい》させよう。 ステップ2

ア ( )夏休《なつやす》み。
イ 恐怖《きょうふ》で( )。
ウ ( )の結末《けつまつ》。
エ 言葉《ことば》につまった彼《かれ》に、( )を出《だ》した。
オ 私《わたし》たちは( )で、互《たが》いの求《もと》めていることがわかる。
カ 手続《てつづ》きのため役所《やくしょ》に行《い》ったが、( )にされた。
キ ( )で説明《せつめい》する。
ク 東京《とうきょう》に来《き》たついでに、横浜《よこはま》まで( )。
ケ ここが( )だ、気合《きあ》いを入《い》れ直《なお》そう。

※こたえは左《ひだり》ページ下《した》

それぞれの言葉《ことば》の意味《いみ》を、しっかりおぼえよう。 ステップ3

❶ **以心伝心《いしんでんしん》** 文字《もじ》や言葉《ことば》を使《つか》わなくても、互《たが》いの考《かんが》えていることがわかること。
❷ **助《たす》け船《ぶね》** 困《こま》っている人《ひと》への援助《えんじょ》。
❸ **立《た》て板《いた》に水《みず》** つっかえることなく、すらすらと話《はな》すようす。
❹ **たらい回《まわ》し** 順々《じゅんじゅん》に送《おく》り回《まわ》すこと。
❺ **天王山《てんのうざん》** 勝敗《しょうはい》の分《わ》かれ目《め》。
❻ **どんでん返《がえ》し** 正反対《せいはんたい》にひっくり返《かえ》すこと。
❼ **待《ま》ちに待《ま》った** 非常《ひじょう》に長《なが》い期間《きかん》、楽《たの》しみに待《ま》ち続《つづ》けた。
❽ **足《あし》をのばす** 今《いま》来《き》ている場所《ばしょ》から、さらに遠《とお》くまで行《い》く。
❾ **鳥肌《とりはだ》が立《た》つ** 恐怖《きょうふ》や寒《さむ》さで、鳥肌《とりはだ》(皮膚《ひふ》が羽《はね》をむしった鳥《とり》の皮《かわ》のようにぶつぶつになる現象《げんしょう》)が出《で》ること。

学習日《がくしゅうび》 月 日

左《ひだり》ページ(131ページ)のこたえ

ア のどから手《て》が出《で》る　イ 水《みず》を差《さ》す　ウ 水《みず》を打《う》ったよう　エ 水《みず》と油《あぶら》　オ 水《みず》の泡《あわ》
カ 猫《ねこ》の手《て》も借《か》りたい　キ 鬼《おに》が笑《わら》う　ク 水入《みずい》らず　ケ 鬼《おに》に金棒《かなぼう》

学力《がくりょく》アップ!

「水《みず》と油《あぶら》」は、水《みず》と油《あぶら》がまじり合《あ》わない性質《せいしつ》からうまれた言葉《ことば》。

ステップ1

意味《いみ》のわかる言葉《ことば》に、チェックを入《い》れよう（☑）。

❶ 鬼《おに》が笑《わら》う □
❷ 鬼《おに》に金棒《かなぼう》 □
❸ 猫《ねこ》の手《て》も借《か》りたい □
❹ のどから手《て》が出《で》る □
❺ 水《みず》入《い》らず □
❻ 水《みず》と油《あぶら》 □
❼ 水《みず》の泡《あわ》 □
❽ 水《みず》を打《う》ったよう □
❾ 水《みず》を差《さ》す □

ステップ2

（　）に当《あ》てはまる言葉《ことば》を上《うえ》から選《えら》び、文章《ぶんしょう》を完成《かんせい》させよう。

ア ほしい服《ふく》がある。（　　）ほど、
イ やる気《き》に（　　）発言《はつげん》。
ウ （　　）な静《しず》けさ。
エ ふたりは（　　）だ。
オ 苦労《くろう》が（　　）になる。
カ （　　）ほど、年末《ねんまつ》はいそがしい。
キ 今《いま》から来年《らいねん》のことを言《い》ったら、（　　）よ。
ク 親子《おやこ》（　　）の旅《たび》。
ケ 優勝候補《ゆうしょうこうほ》のチームに彼《かれ》が入《はい》れば、（　　）だ。

※こたえは右《みぎ》ページ下《した》

学《まな》んだ語彙数《ごいすう》 1085～1093

ステップ3

それぞれの言葉《ことば》の意味《いみ》を、しっかりおぼえよう。

❶ **鬼《おに》が笑《わら》う** 現実性《げんじつせい》のないことを、からかうときの言葉《ことば》。
❷ **鬼《おに》に金棒《かなぼう》** もともと強《つよ》いものに何《なに》かが加《くわ》わり、さらに強《つよ》くなること。
❸ **猫《ねこ》の手《て》も借《か》りたい** 非常《ひじょう》にいそがしいことのたとえ。
❹ **のどから手《て》が出《で》る** ほしい気持《きも》ちが、おさえきれないことのたとえ。
❺ **水《みず》入《い》らず** 他人《たにん》をまぜないこと。
❻ **水《みず》と油《あぶら》** 性格《せいかく》や考《かんが》え方《かた》が正反対《せいはんたい》で、合《あ》わないこと。
❼ **水《みず》の泡《あわ》** ①努力《どりょく》や苦労《くろう》がむだになること。②あっけなく消《き》え去《さ》るもの。
❽ **水《みず》を打《う》ったよう** その場《ば》にいる大勢《おおぜい》の人《ひと》が、静《しず》まり返《かえ》っているようす。
❾ **水《みず》を差《さ》す** うまくいっていることに対《たい》し、じゃまをする。

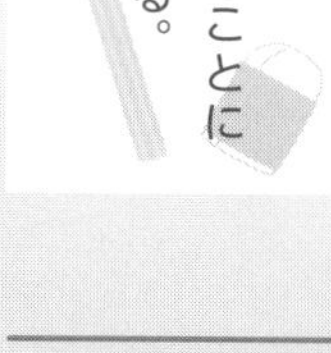

学習日《がくしゅうび》　月　日

右《みぎ》ページ（130ページ）のこたえ

ア 待《ま》ちに待《ま》った　イ 鳥肌《とりはだ》が立つ　ウ どんでん返《がえ》し　エ 助《たす》け船《ぶね》　オ 以心伝心《いしんでんしん》
カ たらい回《まわ》し　キ 立《た》て板《いた》に水《みず》　ク 足《あし》をのばす　ケ 天王山《てんのうざん》

学力《がくりょく》アップ！

「天王山《てんのうざん》」は京都府《きょうとふ》の山《やま》の名前《なまえ》。羽柴秀吉《はしばひでよし》はこの山《やま》を占拠《せんきょ》し、明智光秀《あけちみつひで》に勝利《しょうり》した。

学《まな》んだ語彙数《ごいすう》 1094〜1100

ステップ1 意味《いみ》のわかる言葉《ことば》に、チェックを入《い》れよう(☑)。

❶ 自画自賛《じがじさん》 □
❷ 怒《いか》り心頭《しんとう》に発《はっ》する □
❸ 鶴《つる》の一声《ひとこえ》 □
❹ 頭角《とうかく》を現《あらわ》す □
❺ 軍配《ぐんばい》があがる □
❻ うわの空《そら》 □
❼ 雲《くも》をつかむ □

ステップ2 (　)に当《あ》てはまる言葉《ことば》を上《うえ》から選《えら》び、文章《ぶんしょう》を完成《かんせい》させよう。

ア どちらに（　　）のか、最後《さいご》までわからない。
イ さんざん馬鹿《ばか》にされ、（　　）。
ウ めきめき実力《じつりょく》をつけ、（　　）。
エ 何《なに》を言《い》っても彼《かれ》は（　　）だった。
オ 君《きみ》の宝探《たからさが》し計画《けいかく》は、（　　）ような話《はなし》だ。
カ 社長《しゃちょう》の（　　）で、新製品《しんせいひん》の発売《はつばい》が決《き》まった。
キ 彼女《かのじょ》は自作《じさく》の詩《し》を、（　　）している。

※こたえはこのページ下《した》

ステップ3 それぞれの言葉《ことば》の意味《いみ》を、しっかりおぼえよう。

❶ **自画自賛《じがじさん》**
自分《じぶん》で、自分《じぶん》のことや自分《じぶん》のしたことを、ほめること。

❷ **怒《いか》り心頭《しんとう》に発《はっ》する**
心《こころ》の底《そこ》から激《はげ》しく怒《おこ》る。

❸ **鶴《つる》の一声《ひとこえ》**
意見《いけん》などが異《こと》なる多《おお》くの人《ひと》たちをしたがわせる、有力者《ゆうりょくしゃ》の一言《ひとこと》。

❹ **頭角《とうかく》を現《あらわ》す**
才能《さいのう》や技量《ぎりょう》が人《ひと》よりかなり優《すぐ》れ、目立《めだ》ってくる。

❺ **軍配《ぐんばい》があがる**
勝利《しょうり》と判定《はんてい》される。

❻ **うわの空《そら》**
ほかのことに心《こころ》をうばわれて、集中《しゅうちゅう》できていないこと。

❼ **雲《くも》をつかむ**
ぼんやりとしていて、とらえどころがない。

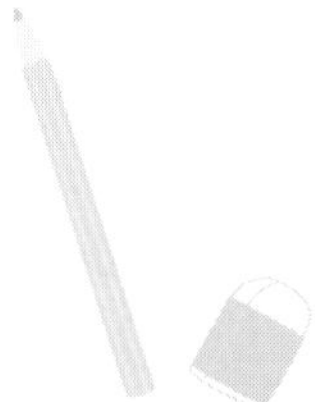

学習日《がくしゅうび》　　月　　日

このページ(132ページ)のこたえ

ア 軍配《ぐんばい》があがる　イ 怒《いか》り心頭《しんとう》に発《はっ》する　ウ 頭角《とうかく》を現《あらわ》す　エ うわの空《そら》
オ 雲《くも》をつかむ　カ 鶴《つる》の一声《ひとこえ》　キ 自画自賛《じがじさん》

学力《がくりょく》アップ！

「怒《いか》り心頭《しんとう》に発《はっ》する」の「心頭《しんとう》」とは、「心《こころ》の中《なか》」という意味《いみ》。

3章《しょう》 復習《ふくしゅう》テスト

学習日《がくしゅうび》　月　日

40問中《もんちゅう》（　）問正解《もんせいかい》（35問以上《もんいじょう》で合格《ごうかく》！）

1

（　）に入《はい》るもっとも適切《てきせつ》な言葉《ことば》をそれぞれ選《えら》びましょう。

① 高飛車《たかびしゃ》な（　）。〔服装《ふくそう》・態度《たいど》・景色《けしき》〕

② 紙一重《かみひとえ》の（　）。〔差《さ》・重《おも》さ・価格《かかく》〕

③ 奥《おく》の手《て》を（　）。〔持《も》つ・使《つか》う・借《か》りる〕

④ 根《ね》ほり葉《は》ほり（　）。〔話《はな》す・見《み》る・聞《き》く〕

⑤ しらを（　）。〔切《き》る・ける・投《な》げる〕

⑥ つむじを（　）。〔巻《ま》く・つける・曲《ま》げる〕

2

□の中《なか》に漢数字《かんすうじ》を入《い》れ、ことわざ・慣用句《かんようく》・四字熟語《よじじゅくご》を完成《かんせい》させましょう。

① 石《いし》の上《うえ》にも□年《ねん》

② 一《いち》事《じ》が□事《じ》

③ □の足《あし》をふむ

④ □も承知《しょうち》

⑤ 一日《いちじつ》□秋《しゅう》

⑥ 再三再《さいさんさい》□

⑦ 四《し》苦《く》□苦《く》

⑧ 一期《いちご》□会《え》

※次《つぎ》のページに続《つづ》きます。

3

次《つぎ》の□の中《なか》には、体《からだ》の一部分《いちぶぶん》が入《はい》ります。その言葉《ことば》をあとから選《えら》び、慣用句《かんようく》を完成《かんせい》させましょう。

① □がおどる

② のどから□が出《で》る

③ □をかかえる

④ 目《め》と□の先《さき》

⑤ □をかたむける

⑥ □をみがく

頭《あたま》 鼻《はな》 耳《みみ》 胸《むね》 腕《うで》 手《て》

4

次《つぎ》の言葉《ことば》は、意味《いみ》の間違《まちが》いやすい言葉《ことば》です。アとイの文章《ぶんしょう》で、言葉《ことば》を正《ただ》しく使《つか》っているほうに○をつけましょう。

① **ふたつ返事《へんじ》**

ア 仕事《しごと》を頼《たの》まれ、ふたつ返事《へんじ》で引《ひ》き受《う》けた。

イ 一度《いちど》は断《ことわ》ったが、結局《けっきょく》、ふたつ返事《へんじ》で引《ひ》き受《う》けることにした。

② **鳥肌《とりはだ》が立《た》つ**

ア とても美《うつく》しい曲《きょく》を聴《き》き、鳥肌《とりはだ》が立《た》った。

イ こわいホラー映画《えいが》を観《み》て、鳥肌《とりはだ》が立《た》った。

③ **気《き》が置《お》けない**

ア 彼《かれ》は、何《なん》でも話《はな》せる気《き》が置《お》けない友《とも》だ。

イ 彼《かれ》は気《き》が置《お》けない人物《じんぶつ》なので、大事《だいじ》なことは話《はな》せない。

④ **情《なさ》けは人《ひと》のためならず**

ア 情《なさ》けは人《ひと》のためならずで、世話《せわ》を焼《や》きすぎるのはよくない。

イ 情《なさ》けは人《ひと》のためならずだから、人《ひと》には親切《しんせつ》にしよう。

5

次《つぎ》の四字熟語《よじじゅくご》で、間違《まちが》っている漢字《かんじ》に×をつけ、正《ただ》しい漢字《かんじ》を（　）に書《か》き直《なお》しましょう。

① 温《おん》古《こ》知《ち》新《しん》　（　　）

② 大《たい》義《ぎ》名《めい》文《ぶん》　（　　）

③ 台《たい》風《ふう》一《いっ》家《か》　（　　）

④ 短《たん》刀《とう》直《ちょく》入《にゅう》　（　　）

⑤ 絶《ぜっ》対《たい》絶《ぜつ》命《めい》　（　　）

⑥ 才《さい》色《しょく》兼《けん》美《び》　（　　）

⑦ 起《き》死《し》改《かい》生《せい》　（　　）

⑧ 自《じ》我《が》自《じ》賛《さん》　（　　）

6

□に入《はい》る言葉《ことば》を漢字《かんじ》で書《か》き入《い》れ、ことわざ・故事《こじ》・慣用句《かんようく》を完成《かんせい》させましょう。

① □□にも筆《ふで》の誤《あやま》り

② □□は寝《ね》て待《ま》て

③ □の耳《みみ》に念仏《ねんぶつ》

④ 断《だん》□の思《おも》い

⑤ □水《すい》の陣《じん》

⑥ 怒《いか》り心頭《しんとう》に□する

⑦ 有《ゆう》□の美《び》

⑧ □の祭《まつ》り

「3章《しょう》　復習《ふくしゅう》テスト」のこたえは137ページにあります。

復習《ふくしゅう》テスト こたえ

1章復習《しょうふくしゅう》テスト　こたえ

1

①示《しめ》す　②満《み》たす　③達《たっ》する　④となえる
⑤むかえる　⑥持《も》ちこむ

学力《がくりょく》アップ！

「それは難《むずか》しいと態度《たいど》であらわすこと」を、「難色《なんしょく》を示《しめ》す」という。

2

①収集《しゅうしゅう》　②回答《かいとう》　③特性《とくせい》　④好評《こうひょう》　⑤効用《こうよう》
⑥開放《かいほう》　⑦容量《ようりょう》

学力《がくりょく》アップ！

「収拾《しゅうしゅう》」と「収集《しゅうしゅう》」、「回答《かいとう》」と「解答《かいとう》」、「特性《とくせい》」と「特製《とくせい》」のように、発音《はつおん》が同《おな》じで意味《いみ》が異《こと》なる語《ご》を、「同音異義語《どうおんいぎご》」という。

3

①豊作《ほうさく》　②落選《らくせん》　③未完《みかん》　④権利《けんり》　⑤理想《りそう》
⑥供給《きょうきゅう》　⑦千秋楽《せんしゅうらく》　⑧空腹《くうふく》　⑨通称《つうしょう》　⑩節約《せつやく》

学力《がくりょく》アップ！

「権利《けんり》」と「義務《ぎむ》」、「需要《じゅよう》」と「供給《きょうきゅう》」は対義語《たいぎご》の例《れい》としてとくによく取《と》り上《あ》げられるので、ぜひ覚《おぼ》えておこう。

4

①イ　②ア　③イ　④ア

学力《がくりょく》アップ！

「役不足《やくぶそく》」と意味《いみ》を混同《こんどう》しやすい言葉《ことば》に、「力不足《ちからぶそく》」がある。両方《りょうほう》の意味《いみ》を、もう一度《いちど》41ページでチェックしておこう。

5

①実　②公　③心　④重　⑤復

学力《がくりょく》アップ！

「公」は、社会《しゃかい》や国全体《くにぜんたい》にかかわることを意味《いみ》する漢字《かんじ》。「公」が使《つか》われている言葉《ことば》にはほかに、「公園《こうえん》」「公開《こうかい》」「公務員《こうむいん》」などがある。

6

①カルチャー　②メリット　③モラル
④エキスパート　⑤プライド　⑥テクノロジー
⑦コスト　⑧リスク

学力《がくりょく》アップ！

海外《かいがい》（主《おも》に欧米諸国《おうべいしょこく》）から入《はい》ってきた語《ご》を外来語《がいらいご》という。ニュースなどでよく耳《みみ》にする、「ケア（介護《かいご》）」「セキュリティー（安全《あんぜん》）」「ローカル（地元《じもと》の）」「アート（芸術《げいじゅつ》）」なども外来語《がいらいご》だ。

2章復習《しょうふくしゅう》テスト　こたえ

1

①ちらつく　②改《あらた》める　③おぼつかない
④仕立《した》てる　⑤しのぐ　⑥やわらぐ

学力《がくりょく》アップ！

「ちらつく（76ページ）」「改《あらた》める（77ページ）」「おぼつかない（83ページ）」「仕立《した》てる（96ページ）」「しのぐ（62ページ）」「やわらぐ（79ページ）」は、どれも複《ふく》数《すう》の意味《いみ》をもつ言葉《ことば》だ。それぞれの意味《いみ》を各《かく》ページで確認《かくにん》しよう。

2

①いつわる　②あやふや　③均等《きんとう》　④打算的《ださんてき》
⑤深刻《しんこく》　⑥厚《あつ》かましい　⑦かたくな　⑧不意《ふい》
⑨生半可《なまはんか》　⑩若干《じゃっかん》

学力《がくりょく》アップ！

「強情《ごうじょう》」「かたくな」と似《に》た意味《いみ》の言葉《ことば》には、ほかに「がんこ」「頭《あたま》が固《かた》い」などがある。

3

①寒冷《かんれい》　②過多《かた》　③冷静《れいせい》　④明白《めいはく》　⑤消極的《しょうきょくてき》
⑥過大《かだい》　⑦不当《ふとう》　⑧軽率《けいそつ》　⑨非凡《ひぼん》

学力《がくりょく》アップ！

「過少《かしょう》（少《すく》なすぎる）」の対義語《たいぎご》は「過多《かた》（多《おお》すぎる）」。「過小《かしょう》（小《ちい》さすぎる）」の対義語《たいぎご》は「過大《かだい》（大《おお》きすぎる）」。混同《こんどう》しないように注意《ちゅうい》しよう。

4

①イ　②イ　③ア　④ア

学力《がくりょく》アップ！

「耳障《みみざわ》り」は、不快《ふかい》な音《おと》をあらわす言葉《ことば》。「いななく」は、馬《うま》だけに使用《しよう》される言葉《ことば》で、ほかの動物《どうぶつ》では使《つか》われない。

5

①対照《たいしょう》　②事務《じむ》　③典型《てんけい》　④具体《ぐたい》　⑤局地《きょくち》

学力《がくりょく》アップ！

「対照的《たいしょうてき》」の「対照《たいしょう》」を、「対象《たいしょう》」「対称《たいしょう》」などと間違《まちが》えて書《か》かないように注意《ちゅうい》。「対照《たいしょう》」は「照《て》らし合《あ》わせる」、「対象《たいしょう》」は「相手《あいて》」、「対称《たいしょう》」は「つり合《あ》う」という意味《いみ》。

6

①ア　②イ　③ア　④イ　⑤ア　⑥イ

学力《がくりょく》アップ！

「たらふく」「しかつめらしい」は、それぞれ「鱈腹《たらふく》」「鹿爪《しかつめ》らしい」と書《か》く。

3章復習《しょうふくしゅう》テスト　こたえ

1

①態度《たいど》　②差《さ》　③使《つか》う　④聞《き》く　⑤切《き》る

⑥曲《ま》げる

学力《がくりょく》アップ！

「紙一重《かみひとえ》」は、「違《ちが》いが、1枚《まい》の紙《かみ》の厚《あつ》さ程度《ていど》しかない」という意味《いみ》。

2

①三《さん》　②万《ばん》　③二《に》　④百《ひゃく》　⑤千《せん》　⑥四《し》　⑦八《はっ》

⑧一《いち》

学力《がくりょく》アップ！

「石《いし》の上《うえ》にも三年《さんねん》」は、「冷《つめ》たい石《いし》でも三年座《さんねんすわ》り続《つづ》ければ暖《あたた》まってくる」の意《い》。しんぼうすることの大切《たいせつ》さを述《の》べたことわざだ。

3

①胸《むね》　②手《て》　③頭《あたま》　④鼻《はな》　⑤耳《みみ》　⑥腕《うで》

学力《がくりょく》アップ！

慣用句《かんようく》とは、二語以上《にごいじょう》の単語《たんご》が結《むす》びつき、それ全《ぜん》体《たい》で1つの意味《いみ》をもった言葉《ことば》のこと。慣用句《かんようく》には、体《からだ》の一部《いちぶ》を使《つか》ったものが多《おお》い。

4

①ア　②イ　③ア　④イ

学力《がくりょく》アップ！

「情《なさ》けは人《ひと》のためならず」は、「情《なさ》けは人《ひと》のためにならない」という意味《いみ》ではなく、「情《なさ》けはいずれ自分《じぶん》にめぐってくるものだから、人《ひと》には親切《しんせつ》にしておいたほうがいい」という意味《いみ》。

5

①温~~古~~知新《おんこちしん》　故《こ》　②大義名~~文~~《たいぎめいぶん》　分《ぶん》　③台風一~~家~~《たいふういっか》　過《か》

④~~短~~刀直入《たんとうちょくにゅう》　単《たん》　⑤絶~~対~~絶命《ぜったいぜつめい》　体《たい》　⑥才色兼~~美~~《さいしょくけんび》　備《び》

⑦起死~~改~~生《きしかいせい》　回《かい》　⑧自~~我~~自賛《じがじさん》　画《が》

学力《がくりょく》アップ！

「温故知新《おんこちしん》」の「故《こ》」や「絶体絶命《ぜったいぜつめい》」の「体《たい》」は、間違《まちが》いやすい漢字《かんじ》として試験《しけん》によく出《で》るので、おぼえておこう。

6

①弘法《こうぼう》　②果報《かほう》　③馬《うま》　④腸《ちょう》　⑤背《はい》　⑥発《はっ》

⑦終《しゅう》　⑧後《あと》

学力《がくりょく》アップ！

「弘法《こうぼう》にも筆《ふで》の誤《あやま》り」の弘法《こうぼう》とは、真言宗《しんごんしゅう》を開《ひら》いた弘法大師《こうぼうだいし》・空海《くうかい》のこと。空海《くうかい》は書《しょ》の名人《めいじん》として知《し》られている。

き

く

け

こ

さ

し

す

せ

そ

著／学習国語研究会
本文デザイン・DTP／ねころのーむ

学習国語研究会代表　石田吉雄

出版社勤務を経て独立。現在、学習国語研究会代表として、主に漢字やことわざなど、日本語に関する書籍の編集・執筆にたずさわっている。とくに子ども向けの学習教材を多く手掛けており、「楽しく学べる」ことと、「テストや受験で役に立つ」ことに注力している。これまでにかかわった書籍は、『どんな子も言葉力が伸びる！小学生の語彙力アップ基礎練習ドリル1200』『こんなにあった！国語力が身につく四字熟語1000』『こんなにあった！国語力が身につくことわざ1000』ほか多数。

**小学生の語彙力アップ　実践練習ドリル1100 新装版
中学までに必要な言葉力が身につく！**

2021年　4月15日　　第1版・第1刷発行
2024年　8月　5日　　第1版・第5刷発行

著　者　学習国語研究会（がくしゅうこくごけんきゅうかい）
発行者　株式会社メイツユニバーサルコンテンツ
代表者　大羽孝志
〒102-0093 東京都千代田区平河町一丁目1-8
印　刷　三松堂株式会社

◎「メイツ出版」は当社の商標です。

 ISBN978-4-7804-2454-6　C8081　Printed in Japan.

ご意見・ご感想はホームページから承っております。
ウェブサイト　https://www.mates-publishing.co.jp/

企画担当：折居かおる

※本書は2014年発行の『中学までに必要な言葉力が身につく！小学生の語彙力アップ　実践練習ドリル1100』の書名・装丁を変更し、新たに発行したものです。